“抵御外侮——中华英豪传奇”丛书

丛书主编　张海鹏

巾帼英雄

赵一曼

戚厚杰◎著

南京出版传媒集团
南京出版社

图书在版编目(CIP)数据

巾帼英雄赵一曼/戚厚杰著. —南京:南京出版社,2016.4

(抵御外侮:中华英豪传奇)

ISBN 978-7-5533-1210-1

Ⅰ. ①巾…　Ⅱ. ①戚…　Ⅲ. ①赵一曼(1905～1936)—传记 Ⅳ. ①K825.2

中国版本图书馆 CIP 数据核字(2016)第 009759 号

书　　名	巾帼英雄赵一曼
作　　者	戚厚杰
出版发行	南京出版传媒集团 南 京 出 版 社
社　　址	南京市玄武区太平门街 53 号
邮　　编	210016
联系电话	025-83283873、83283864(营销)　025-83112257(编务)
策划统筹	潘　珂
责任编辑	林莉萍
封面设计	王　俊　石　慧
责任印制	杨福彬
排　　版	南京新洲印刷有限公司
印　　刷	江苏凤凰通达印刷有限公司
开　　本	787 毫米×1092 毫米　1/32
印　　张	5
字　　数	84 千字
版　　次	2016 年 4 月第 1 版
印　　次	2025 年 1 月第 7 次印刷
书　　号	ISBN 978-7-5533-1210-1
定　　价	22.00 元

编委会

总 序

在中华民族的历史上，沿海倭寇的肆意袭扰，西方列强的坚船利炮，侵华日军的烽火狼烟，一次又一次将中华民族推向生死存亡的边缘，给中华民族带来了深重的灾难与难以磨灭的痛苦记忆。中国从一个封建国家演变为一个半殖民地半封建国家。国运危亡，威胁着每一个中国人。

天下兴亡，匹夫有责。抵御外侮，救亡图存，成为面临外敌入侵、民族危亡时中国人思考的第一课题。也正是在这样的危难时刻，中华民族产生出一个又一个舍生取义、矢志报国的英雄豪杰，他们一回又一回地挽狂澜于既倒，扶大厦于将倾。他们的丰功伟绩，不只是单纯地拯救了某个王朝，某个皇帝，而是拯救了整个中华民族的血脉与希望；正像我们的国歌所唱的那样：把我们的血肉铸成新的长城，他们的奋斗和牺牲，把中国的历史命运一次一次推向一个进步的新阶段；他们的高风亮节，不只是中华儿女景仰、学习的榜样，也是人类不屈不挠、英勇抗暴精神的象征。抗敌御侮的英雄事迹，构成了中华优秀传统的新的篇章。

中华民族没有在外敌面前屈服、倒下，而是在一次一次斗争后走向新生，走向进步。作为唯一延续至今未曾中断过的中华文明不断在成长，中华民族依旧傲然挺立于世界民族之林，中华民族的文化传统，不仅没有消逝在历史长河之中，反而发扬光大，成为造就中国特色社会主义的基本历史因素。

为了歌颂中华英豪的爱国精神，为了纪念中国人民抵御外侮的伟大事迹，为了弘扬优秀的传统文化，南京出版传媒集团·南京出版社推出“抵御外侮——中华英豪传奇”丛书。

这套丛书是面向青少年的普及性读物，聘请各有所长的学者撰写，力图用生动活泼的语言，引人入胜的故事，准确的历史事实，努力展现明清以来各个时期抵御外侮的英雄豪杰的事迹，描绘每一位英豪的成长历程和闪光人生，再现了他们人生的不朽光辉。丛书通过这些在抵御外侮中发挥重大作用的英雄人物，向广大青少年表达了中华民族热爱和平、热爱祖国的家国情怀。

如今，我们正走在中华民族复兴的伟大征程之上，国家发展前程似锦，国际地位日益提高，全世界的目光都在转向中国，可以说，今天的中国距离中华民族复兴的伟大梦想，比以往任何时候都更为接近了。越是在这种时候，我们越是要记住为实现中华民族伟大梦想而奋斗、而牺牲的先烈；在我们昂首阔步走向未来新征程的路上，我们更应该居安思危、以史为鉴。历史已经证明：每一段抵御外侮的历史，都是一段维护正义的历史；每一场抵御外侮的斗争，都是一场维护和平的斗争；每一次抵御外侮的奋斗，都是一次为了实现人民美好生活的奋斗，正义终将胜利，和平终将胜利，人民终将胜利。

“抵御外侮——中华英豪传奇”丛书在传播正能量、弘扬爱国主义情怀的同时，提醒我们，在和平时期，抵御外侮的精神同样不可或缺，抵御外侮的英豪也同样不应遗忘，我们今时今日所有的成就与繁荣，

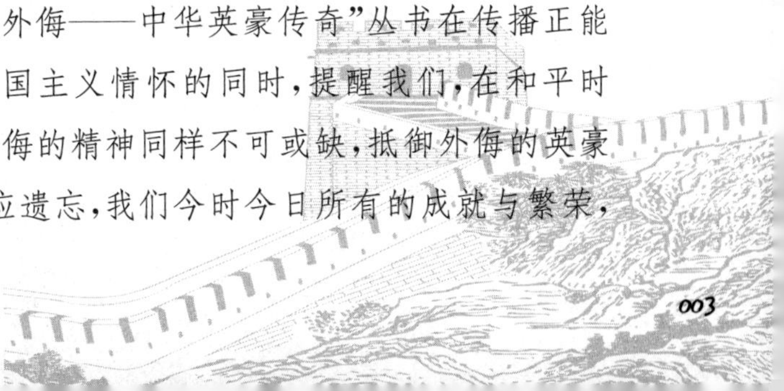

离了这种精神、这些英豪，都是万万不可想象的。

“抵御外侮——中华英豪传奇”丛书，不只是为了缅怀先烈，更是为了激励后人；不只是为了铭记历史，更是为了展望未来。

为青少年编写历史小丛书，是一项崇高的事业。20 世纪 50—60 年代，吴晗主编了《中国历史小丛书》《世界历史小丛书》，对当时的青少年起到了历史教育的奠基作用，事实证明是成功的出版经验。我期待南京出版社继续努力，把这个崇高的事业承担起来，拓展开来。为这个崇高的事业投入人力、物力和财力，是会得到善报的，这个善报，不在多少金钱，而在一代一代具有丰富历史知识的青少年的成长，他们将成为国家的栋梁。

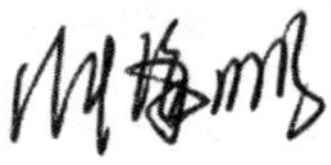

（中国社会科学院学部委员、中国史学会原会长）

目录

引　言

1935 年夏，日本占领的东北血雨腥风，遍地狼犬。一家由日本人控制发行的《满洲日日新闻》报纸上，登载了一篇题为《骑上白马的红装美女狂奔在密林》的报道。于是，白马红装美女英雄就在日伪严密统治的哈尔滨，乃至日伪统治的中心新京（就是今天的长春，日本占领东北后，扶植被辛亥革命赶下台的皇帝溥仪做傀儡，将长春改为新京）不胫而走，像春风一样传开了。

日本制造九一八事变后，继而向东北各地进攻。侵略者的铁蹄每前进一步，都受到东北义勇军、东北抗日联军的打击，每天都有死伤。日本媒体为了欺骗群众、隐瞒真相，对部队的伤亡从来都是不报。对东北民众的反抗，都是以“治安”、“剿匪”等贬义语句见诸媒体。这“红衣白马”的“美女”出现在报端，让人费解、奇怪，是什么原因使日军的语气变了腔调？这白马红装的美女是什么人？人们暗中打听。不久有了答案：北满（我国的东北地区因是满族的发祥地，被称为满洲，人们以方位将哈尔滨以东的地区称为北满）抗日联军的斗争形势发生了变化，“治安”情况不好的结果都是这个“美女”造成的。日本人不知道她的名字，只知道她的外貌特征：红衣白马、美女。其实，日本的报道已慢了一拍，在北满乡村、在密林的抗联中，“红枪白马”女英雄抗日事迹早已传遍，她就是赵一曼。

赵一曼指挥抗联歼灭日伪军的战斗经过是这样的：1935 年夏日的一天，赵一曼任政委的抗联第三军一师第二团在珠河铁北的侯林乡山里活动，突然被五六百个日伪军包围。激战了半天，队伍也未能突围，子弹将尽，伤亡亦重，情况万分紧急。就在这时，突然在敌人的背后传来激烈的枪声，只见赵一曼骑着白马，带领队伍赶到，展开猛攻。敌人见抄了后路，顿时大乱，被围抗联官兵见援军来到，士气顿时高涨，立即组织反击，里外夹攻，转败为胜，日伪军被歼灭。

从此，红枪白马赵一曼的事迹在珠河地区传开了：有的说她是抗联第三军军长赵尚志的妹妹，骑着白马，手使双枪，百步穿杨，日本鬼子碰到她非死即伤；有人说她胆儿特大，带领抗联战士装扮成老百姓进入伪满军的治安所，经她一阵宣传教育，伪治安军有的撂下枪回家了，有的参加了抗联。赵一曼的宣传鼓动胜过大炮、机关枪。

还有的将赵尚志、赵一曼与舞台上杨家将抗辽兵的故事联起来，编成民谣：杨家的将，呼延的兵，赵家兄妹灭日军……。至今，在东北地区仍然流传着这样一句歇后语：赵一曼的弟弟——赵一阵，意思说这个人很有本事。

真实战斗生活中的赵一曼，既不穿红衣，也不使红枪。稍有一点军事知识的人都知道，指挥者与战斗人员哪一个是穿红衣、使红枪的，在战场上多惹眼，目标多明显！生活中的赵一曼是不爱红装爱武装的。那么为什么人们赋予了赵一曼“红装美女”、“红枪白马”的形象呢？因为赵一曼是女性英雄。想想看，自九一八事变以后的四五年中，东北抗日的战斗不断，烽火连天。抗日英雄很多，但都是男人。现在赵一曼出现在战场，一位女英雄驰骋在抗日疆场，身手不凡，老百姓就是要赋予她与男人不一样的色彩，要给她一个美丽、英雄的形象：红枪白马。当时的敌人也是以色彩分辨阵营，划分政治身份的：红色就是革命，就是共产党，“红衣白马”、“美女”，就是女共产党、女抗日战士。

老百姓为赵一曼树立了一个良好的口碑，敌人也没有讲错：她是女英雄，是共产党员，又是抗日联军的一位指挥员。这一年，她 30 岁。人讲三十而立，这时的赵一曼已经参加革命十多年了，论资历，她已是一位老练的革命者。她在十五六岁的时候，毅然与封建家庭决裂，投身于中国革命的洪流，参加过反对帝国主义侵略的学生运动，参加过北伐战争。在上海、在武汉、在宜昌，她冒着生命的危险，在党的领导中枢做秘密工作。九一八事变之后，为了抗日反满，她别夫离子，到日伪统治森严的狼窝虎穴沈阳、哈尔滨做工人运动，而后又到林海雪原中的抗日联军担任团政委，与日本兵真刀真枪地干。论学历，她是黄埔军校武汉分校（第六期）的毕业生。而后，共产党组织为了培养她，送她到莫斯科中山大学读书，加上家学背景，她确是学贯中西。翻阅近代史、革命史、中共党史，当时有这样资历、经历、学历者，赵一曼是唯一一个。

近代以来，中国人民为了独立自主，出现了大批的巾帼英雄。他们有的慷慨激昂走向社会争女权，如秋瑾、唐群英；有的不惧邪恶，勇敢地向反动势力抗争，如宋庆龄、何香凝；有的像男人一样冲杀在战场，如陈少敏、李贞；有的在凶煞的敌人面前坚贞不屈，如江竹筠、陈铁军……其中，赵一曼是中国女性英雄中的佼佼者，她几乎综合了以上女性的经历。她传奇的经历与事迹在全世界的女性中也颇为出众。

人们都将俊美的女人以花比喻。花是美丽的，但花开花落有季节性。用任何一种花比喻赵一曼都显片面，赵一曼始终是美丽的，是坚贞的，是圣洁的。如果以花比喻赵一曼，她有梅花的傲骨俏丽，她有兰花的洒脱馨香，她有荷花的曼丽高洁……。有人曾问赵一曼："你为什么叫赵一曼呢?"赵一曼说："我喜欢'一'字，所以自己起的名字都带个'一'字，李一超、赵一曼，意思指一生革命，一心一意，一贯到底，决不改变。曼，有长、柔美的意思。"赵一曼别夫离子，颠沛流离，吃尽人间苦，一心一意为革命。她在日本人的严刑拷打折磨中，回答的就是一句话：我的目的就是抗日反满。疾风暴雨，松柏本色；沧海巨浪，海燕英姿。赵一曼是顶天立地的英雄。

人们常以古代的英雄比喻现代人，英雄是时代造就的，时代需要英雄。英雄是民众的先锋，是时代的旗帜。如果以替父从军的花木兰比喻赵一曼，赵一曼为革命出生入死，为国家舍小家，花木兰有这样的家国情怀吗？如果以统兵挂帅的穆桂英比喻赵一曼，可穆桂英是文学人物、戏剧形象……赵一曼从她走出家门的那一天起，凡能改变中国历史走向的大事件，她一次都没有落下，而且始终站在历史潮流的风口浪尖上，是实实在在的连敌人也承认的英雄！多年后，审判赵一曼的日本战争罪犯大野泰治，在忏悔录中字里行间表露了他对赵一曼的崇敬之情："如果在这个世界上真的有烈女的话，恐怕就是赵一曼这种人了吧。”而大野泰治仅就赵一曼在敌人严酷的刑罚下不屈服而讲的，如果全面看赵一曼，古代是没有她这样的英雄的。

赵一曼是一位伟大的母亲，她爱她的儿子，但她更爱她的祖国和她从事的革命事业。她以她的奋斗精神与牺牲的行动来教育她的儿子，她的遗言使千千万万后来的中国儿女受到教育。

伟大变革的时代一定会出现伟大的英雄，伟大变革的舞台上一定要有女英雄。没有英雄，这个时代是多么的平庸，没有女英雄，历史的舞台又是多么乏味、单调。赵一曼是抗日的女英雄，是妇女的旗帜，是中华民族的民族魂。如同法国大革命出现了罗兰夫人、苏联卫国战争出现了卓亚一样，中国出现了以赵一曼为代表的女英雄，这是中国的骄傲，是我们民族的自豪。

第一章　李家有女初长成

1905年10月25日，赵一曼出生于四川宜宾白杨嘴村的一个姓李的富裕人家。父亲李鸿绪是一个饱学经书的人，科举不第，做官不成，就花钱捐了个监生。

小贴士

买官(捐官)：旧时人读书的目的在求功名，就是通过科举考试做官。李鸿绪年轻的时候，清朝的封建统治已经走向了穷途末路，实行了一种叫作“捐官”的制度，通过捐资纳粟以取得官职，就是买官。在当时，买官(捐官)是统治者允许的政府行为。政府为了增加收入，对买官的人无任何限制，地主、商贾且不必说，连流氓、盗贼等只要有钱粮，都可以捐一个官做做。按照捐纳制度，出资纳粮的人可以捐封典、捐虚衔及穿官服。

赵一曼的母亲蓝明福慈祥贤惠，尖尖小脚支撑着不高不矮的身躯，走起路来头重脚轻，年轻的时候偶尔要扶一下墙壁等。随着年纪的增大，走起路来有点跌跌爬爬。她与李鸿绪共生有六女二子。赵一曼排行第七，是最小的女儿，她还有一个弟弟。李鸿绪对每一个子女都寄托着很大的期望，从他给每一个子女起的名字可以看出来：李席儒、李坤杰、李坤俞、李坤泰等。赵一曼未降生之前，李鸿绪的愿望是想再要一个儿子，因为在大儿子李席儒以下四五个都是女儿。李席儒居长，在男尊女卑思想指导下娇生惯养，自小就懒庸，不思进取，读不进书又干不起活，眼高手低。李鸿绪觉得他日后撑不起这个家，想再

赵一曼的出生地

要一个儿子将来辅助他。但生下来的是女儿，就是赵一曼。李鸿绪虽然不满意，但看到这个女儿五官端正，皮肤白皙，身体健康，尤其是大大的眼睛，仿佛会讲话，心理不免有几分喜爱，给她取了淑端的乳名，在家称呼她端女。母亲心中对这个女儿满心喜欢，在自己身旁总是喊她“端儿”。及长入学读书时，父亲为她取名李坤泰。

赵一曼的故居

赵一曼的童年是幸福快乐的：吃穿不愁，母亲慈祥温柔，姐姐疼爱。从她会走路时起，母亲就让她随便到竹林、田野去玩，养成了无拘无束的性格。她经常与小伙伴们从屋后的小道直接爬到山巅，追逐家禽动物，折花捉虫，玩个够。但另一方面，父亲的古板守旧，有时不明不白受到呵斥，使她扫兴。原因是经常有人到家里来告状，每次告状都是因为她为别人打抱不平去讲理，甚至打架。她性格倔强，认死理，与别人打架时，也不管对方的个子多高多大，都不怕，一副不服输、不肯让步的架势，直到对方服输她才罢休，有时甚至敢对父亲不对的行为进行论理。李鸿绪虽然理屈气愤，但事后认为赵一曼讲得有理，私下曾对人讲：我可知道什么是四两拨千斤了，端女这丫头，只可惜她是个女娃，将来有可能比男娃有出息！

李鸿绪虽然有男尊女卑观念，但毕竟是个读书人，重视知识，儿女读书的事一个个都没有错过。赵一曼 6 岁那年，他在家里立了私学，请了一位先生教七八个学生，就像一只母鸡带着一群小鸡仔。村里不重视读书的人就取笑，把它叫作“鸡婆学堂”。旧时学堂的学生是先读书后认字，就是先将文章熟练背下来，而后再由老师讲什么意思。赵一曼很聪明，老师教《三字经》《百家姓》《千字文》，她很快就背了下来。

赵一曼 8 岁了，按照当时的习俗，到了缠足的年龄了。母亲准备好了缠足布和绣花尖尖鞋，要赵一曼缠足。（旧时摧残妇女身心健康的陋习。女子以布帛紧束双足，使足骨变形，脚形尖小成弓状，以此为美。辛亥革命后，缠足陋习开始逐渐废绝。)赵一曼不肯,拼命反抗:“妈妈!你还没有吃够缠足的苦?! 还要我吃,我不干!”“大脚板人家笑话,将来嫁不出去。”“谁爱笑话就笑话,我不缠足,也不嫁人!”母亲叫来了大嫂。两人一齐用力,把赵一曼的脚像包粽子似的缠上。可是,她们刚一走开,赵一曼便气愤地解开了缠足布,剪碎了尖尖鞋。一次、两次,就是不从,父母亲拿她没有办法,也只好随她的便了。日后赵一曼讲,她这次反对缠足,是她第一次反封建的胜利。

两年后,父亲李鸿绪去世了,大哥当家。李席儒既没有父亲的学识,也没有给人治病的本事,更无父亲的仁义爱怜之心。他当家之后第一件事就是不让赵一曼上学,说什么女孩子读书有什么用,将来还不是嫁到人家,洗衣做饭。同时,不知天高地厚要母亲严加管教。说,不然,照这样野下去,将来谁敢娶她,等等。这些,让赵一曼感到屈辱、不满,她越来越意识到男孩子和女孩子的不平等。一天,赵一曼向大哥提出:“在这样的家庭中生活实在没意思了,我要出门读书去!”大哥头也懒得抬,冷冷地说:“不行,我没钱供你!”“你抽大烟、赌博有钱,怎么我读书就没有钱了?”李席儒没想到赵一曼竟敢与他顶撞,顿时火冒三丈,大声喝道:“让你裹脚,你不裹,还要往外跑去读书,一个女人你想要干什么!”“女人怎么啦,我就是不裹脚，我要读书！”“读书不可能，脚要裹！”“我就是不裹！”小一曼的话刚一出口，大哥的巴掌已经打过来了。赵一曼被打倒在地，嘴角流出了鲜血。她倔强地爬起来，更坚定地冲着说：“你打死我，我也不裹脚！”大哥果真野蛮地抡起拳头继续挥打起来。站在一旁的母亲看不下去，还是拼着力气把大哥拉开。大哥稍一用刀，母亲就被甩倒在地上。母亲默默爬起来，用自己的身体挡住了大哥的拳头。

这个家，赵一曼待不下去了，她要走出去，寻找新的生活。

小贴士

三从：旧中国社会的政权、族权、神权、夫权，代表了全部封建宗法的思想和制度，是束缚中国人民特别是农民的四条极大的绳索。其中，夫权是妇女较男子又多的一道绳索。其根源是儒家礼教对妇女一生在道德、行为上提出的“三从四德”的规范要求。其中三从是未嫁从父、既嫁从夫、夫死从子。就是女子要受男子的支配，家庭财产只能由男人管理、处分，妻子使用须秉承夫意，婚后妇女必须随夫姓，或在本姓上冠以夫姓。在赵一曼那样的家中，父亲去世后，不仅赵一曼的姐妹，就是赵一曼的母亲也要服从哥哥的支配。

第二章 冲破封建牢笼

郑佑之

生活如流水，这一方被堵死了，可又在另一方决口，继续向前流。蛮横的哥哥将赵一曼读书、走向社会的生活道路堵死了，但生活的另一线阳光照到她的身上，这就是她的大姐夫郑佑之。

郑佑之是中共四川省委川南党组织的创建人。1922年，由共青团中央宣传部长恽代英介绍入党，直接由党中央领导。郑佑之在革命活动中，深受农民拥戴，有“一代农王”的美称。

郑佑之每次到白杨嘴来，像带来一股春风，成为李家生活的中心。大家的目光都投向他，不仅李鸿绪一家，连上中下白杨嘴的人都来，听他讲山外头的新闻，讲世界上的大事。人们认为李鸿绪的这个女婿见多识广，举止文雅，性格开朗直爽，处事公平，生活中许多事情也愿意说给他听，由他处理或征求他的意见。

在李鸿绪眼里，这个女婿虽然另类，但是个有学问、有干劲、有思想的人，比儿子李席儒有出息，因此他不仅将女儿许配给他，还出资在赵一曼外公家办了个新学堂，让郑佑之主持，招收一些当地青年入学。赵一曼从家中出来就到郑佑之的学堂去，郑佑之教她语文和算术，讲一些新知识。他给赵一曼送来了一套教科书和一本新字典，极大地培养了赵一曼独立思考的能力。

赵一曼每天上午自学课本，下午做作业，晚上写日记，把时间安排得紧紧的。父亲去世时给她留下了一块怀表，她给自己制定了学习计划，每天看着怀表，按钟点分科进行学习。到了周末，她把写好的作业、日记和学习中的问题让弟弟李绍唐捎给大姐夫。郑佑之有时候在城里，有时候在乡下，无论怎样忙，他都会认真地批改和解答。那时候，农村里很少有人学外语，郑佑之还教她学外语。

赵一曼的求知欲很强，恨不得将所有的知识学到手。郑佑之对赵一曼的聪明好学也很欣赏，凡事有问必答，课余亦给她讲其他知识。赵一曼最喜欢听郑佑之讲故事，如林则徐虎门禁烟，邓世昌黄海抗倭。赵一曼印象最深的是大姐夫给他们讲的鉴湖女侠秋瑾投身革命，坚贞不屈，英勇就义的故事。她觉得秋瑾好像是她的姐姐，或者说，是另一个自己。赵一曼希望自己将来也成为那样的人。她十分佩服秋瑾那种不顾一切冲破樊篱投身反清革命，将个人生死置之度外的精神，还将秋瑾所作的诗词抄下来，贴在床前：

万里乘云去复来，只身东海挟春雷。
忍看图画移颜色，肯使江山付劫灰。
浊酒不销忧国泪，救时应仗出群才。
拼将十万头颅血，须把乾坤力挽回。

赵一曼虽然对这样的诗句还似懂非懂，但她觉得秋瑾与她惺惺相惜，同气相求，依然被诗中的英雄豪气所感染。她将这首诗工工整整抄写在自己的笔记本里，没有事就读，直到会背为止。

郑佑之看到赵一曼有决心，有个性，便在教她科学文化知识之余，还经常拿进步书刊给她看。当时，郑佑之订阅的进步书刊除了《新青年》，还有《平民周报》《救国周刊》《五七报》等等。郑佑之是个细心的人，他在阅读过的书刊上常画一些粗线，加一些批语。有了这些指引，赵一曼读起来就更容易抓住重点。通过阅读进步书籍，使她了解自己所处的世界，了解社会和人生。

但在家里，这些书刊她只能夜里读，白天偷偷地看。即使这样，还是被大哥发现。有一天，她从外面回来，见大哥正在她房间里搜查，把她偷偷藏起来的那些进步书刊都搜了出来，扔在院子里点上了火。赵一曼扑上前去抢救还没烧完的纸片，大哥狠狠把她推开，说："这些东西让人知道了要掉脑壳的，再看这些东西，我就打死你！"赵一曼针锋相对："除非你把我打死，不然我就要读！"大哥

小贴士

妇德：对于女性，旧中国向来就不重视她们的才学，而重视"四德"中的"妇德"，要女子"贞顺"，也就是要女子对丈夫贞洁，对男子顺从。中国近代女杰成功的第一步就是要挣脱封建礼教的束缚，走向社会，要学习知识，她们的成功要比男子有更大的勇气，花更多的气力。身不得男儿列，心却比男儿烈，是她们的写照。

烧掉了她的书刊，却扑不灭她心头的火种，她追求革命真理的愿望反而更强烈了。此后，她把郑佑之给她的进步刊物放在二姐家里，跟二姐一起阅读。

1921 年，中国发生了开天辟地的大事：中国共产党诞生了。之后，共产党在各地的组织迅速建立起来，开始了最初的革命活动。郑佑之作为一个进步的知识青年，很快认识了在四川从事革命活动的共产党员何辉、刘亚雄，并经他们介绍参加了中国社会主义青年团。虽然郑佑之从事革命工作很忙，很难像以前那样与赵一曼见面，但他给她送进步书刊的事一直没有中断。赵一曼也开始给大姐夫写信，向他汇报自己的学习情况和心得体会。这时，她的阅读范围更广了，革命理论、历史地理、哲学科学，以及五四以后出现的新诗和小说……有时灵感来了，还写一些新诗和短文，请郑佑之修改。

1923 年冬天，郑佑之把赵一曼介绍给了共产党员何辉。没多久，赵一曼由何辉做介绍人，光荣地加入了中国共产主义青年团。有一天，她对郑佑之说："在这个家庭中太郁闷了，我要像秋瑾那样，到外面去闯一闯，再不能被这个封建家庭束缚了！"

赵一曼的父亲去世之后，哥嫂对她冷若冰霜，与她能进行交流的只有二姐。二姐的婆家在离白杨嘴不远的曾家湾。赵一曼白天要干活、读书，晚上再到二姐家去。在赵一曼的影响下，不久，二姐也加入了共产主义青年团。在她们的宣传影响下，团结在她们周围的青年女子越来越多。第二年七月，白杨嘴建立了团支部，赵一曼当了支部书记。

赵一曼与二姐认为，要解放妇女，必须从破除夫权入手，让妇女走出家门，走向社会。

赵一曼与二姐除了自己看书读报，学习新知识，她还经常主动去跟其他妇女谈家常，或帮她们干活。她要像大姐夫讲的那样，必须组织起来，成立一个组织，一个专门为受压迫吃苦的女同胞主持公道、伸张正义的组织。她跟二姐商量，这个组织就叫“妇女解放同盟会”。她写信告诉了郑佑之，他很赞成。

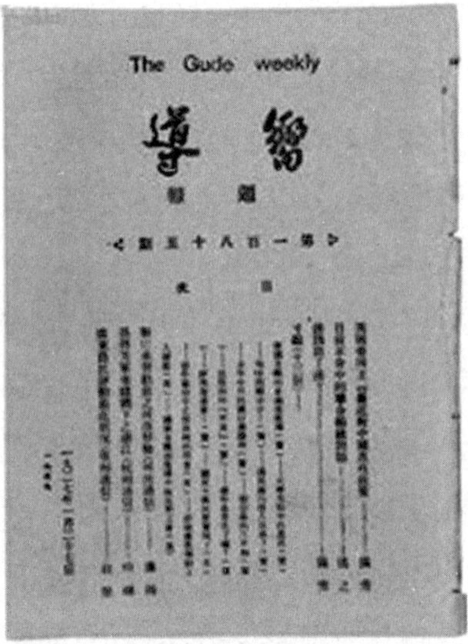
The Gudo weekly
嚮導
週報
第一百八十五期

革命刊物《向导》

赵一曼还将郑佑之为她订阅的《向导》

《新青年》《妇女周报》等革命刊物传递给其他妇女姊妹看，与她们交流心得体会。革命的种子在萌发、成长。

经过赵一曼等人的努力，1924 年 12 月 24 日，“白花场妇女解放同盟会”成立。二姐李坤杰当选为会长，白花场的曾大姐当选为副会长，赵一曼任文书，实际负责全部会务工作。这个组织，不管是年老还是年轻的妇女都可以参加，通过进行各种活动，进一步提高妇女的觉悟，然后从中发展年轻的、表现积极的、思想进步的人加入中国社会主义青年团。

妇女解放同盟会受到了广大群众的拥护，会员很快发展到了 180 多人。在郑佑之的帮助下，赵一曼她们还在白花场办了一所义务学校，专收女孩子和成年妇女上学，教她们识字学文化，独立自主地做人，做有尊严、有个性、有主见的人。这在当时是破天荒的事情。“妇女解放同盟”、“女子义务学校”如同春天的惊雷，让当地的封建势力惶惶不可终日。他们纠集起来，雇用打手和地痞流氓，经常到学校里来闹事。以李席儒为首的李氏家族，以“大逆不道”“伤风败俗”为由，对赵一曼进行打击。

李席儒的打击当然遭到赵一曼的反抗。一天，她在《妇女周刊》上看到有“疑难问题解答”栏目，不禁心里一动，自家的这件事很有代表性，何不把自己的遭遇和呼吁写下来，以向大哥为代表的封建专制家长来宣战呢？她很快写了一篇《被兄嫂剥夺了求学权利的我》的文章，署名李一超寄给了上海的《妇女周报》。

《妇女周报》是上海《民国日报》的副刊，1923 年 8 月 23 日创刊。后来成为中央妇女委员会的机关报。该刊物前身为《妇女评论》。中国早期的共产主义思想传播者陈望道、沈雁冰、邵力子、向警予等先后任主编。该刊物积极宣传中国共产党反帝反封建的政治主张，引导妇女投身于国民革命。

婦女週報

赵一曼发表文章的《妇女周报》

1924 年 8 月 6 日，《妇女周报》发表了题为《被兄嫂剥夺了求学权利的我》的文章，写道：

“我自生长在这黑暗的家庭中十数载以来，并没有见过丝毫的光亮，阎王似的家长哥哥，死死把我关在那铁围城中，受那黑暗之苦。”

“我感觉到这一点的

时候，我极想挺身起来，实行解放，自去读书。奈何家长哥哥专横，不承认我们女子是人，更不愿送我读书。请全世界的姊妹们和女权运动者，帮我设法，看我如何才能脱离这个地狱家庭，如何才能完全独立。”

这是一篇揭露封建社会压迫、残害妇女极恶罪行的檄文，是一篇向旧思想、旧礼教发出的挑战书。文章给了封建家庭与封建思想强有力的一击，引起了强烈的反响，赵一曼收到了全国各地的许多声援信件。经过一系列事件的洗礼，她认识到了自己的力量和价值，她的思想更加成熟，革命意志也愈发坚定。

1926 年春节临近的时候，好消息传来，大姐夫郑佑之落实好了赵一曼到宜宾去读书的事，她决定从家里逃走，冲破牢笼。临走前，她与母亲告别，母亲泪流满面，舍不得她走。第二天，赵一曼自己扛着行李，步行两天走到宜宾县城，考入了宜宾女子中学（也就是今天的宜宾市二中）读书。在学校，她一方面刻苦学习，以优异成绩取得了同学们的信任，另一方面，她又把自己珍藏的进步书刊借给同学们阅读。很快，她就成了革命思想的传播者。在学校，她组织并领导了女中学生抵制反动当局强迫女生挽髻的训令，并带头剪短发。中共宜宾特支成立后，由于赵一曼在政治上比较成熟，入学不久就加入了中国共

赵一曼读书的宜宾女子中学

产党，成为四川共产党早期党员之一。并先后担任宜宾学联、女联党团书记，县城妇联主席，国民党宜宾县党部代理女部长。

1926 年，在纪念五卅惨案周年之际，赵一曼组织全县学生向不法奸商偷贩帝国主义煤油的斗争，她发动码头工人将成批的英国煤油扔进江里。为此，遭到当局的报复。当局下令把赵一曼等 13 名女中学生开除学籍，赵一曼就组织女中中学部三个班的学生宣布集体退学，并集体进入中共开办的中山中学读书。

小贴士

五卅惨案：因发生于1925年5月30日而得名，是反帝国主义爱国运动五卅运动的导火线。5月30日，上海学生两千余人在租界内散发传单，发表演说，抗议日本纱厂资本家镇压工人大罢工、打死工人顾正红，并号召收回租界，被英国巡捕逮捕一百余人。下午，万余群众聚集在英租界南京路老闸巡捕房门首，要求释放被捕学生，高呼“打倒帝国主义”等口号。英国巡捕竟开枪射击，当场打死十三人，重伤数十人，逮捕一百五十余人，造成震惊中外的五卅惨案。

第三章　女儿也要带吴钩

1926年7月1日，广州国民政府发表了《北伐宣言》；9日，国民革命军10万人誓师北伐。北伐战争迅速取得胜利，推动了全国革命形势的发展。为了继续进行北伐，需要培养更多的军事政治人才，尤其是女军事干部。

当时，高涨的革命浪潮，激励了许多青年男女奔向革命的道路。不少女青年认为妇女要在革命的政府领导下，走向社会，要参权，要参加工作，实现经济独立，争取男女平等。在这种政治环境下，中国共产党人下决心在军校中招收女学员，培训妇女骨干。

黄埔军校武汉分校招考委员会于1926年11月1日正式成立，并开始在全国各省市招生。招生是采取公开登报和秘密招考相结合的办法。考生的条件，规定必须具有中学文化程度。报名后，要经过初试和复试以及体格检查，最后登榜录取。初试6000余人，复试4000余人。初试有三民主义、国文、数学、中外史地、博物、理化；

复试有国文、党的常识及政治常识，检查身体。先后初试、复试各 5 次，由此可见考试之严格。

这次招生中的女生队，原打算只招 40 多人，但报名的太多。革命女青年出于革命热情，一些待字闺中的小姐受新思想的影响，图个新鲜，想见见世面，也想上军校，于是找国共两党大员写条子的很多，实际录取远远超出了预定数额。1927 年 2 月，被录取的新生开始报到，正式入学的女生 183 人，后湖南学兵团刚招收的 30 名女生编入军校，女生队从而扩大为 213 人。这是黄埔军校史上首批女生，被列为黄埔军校第 6 期。黄埔军校以往只招收男生，不招收女生，这次破天荒地招收了女生。

赵一曼在《新蜀报》上看到了招生启事，兴奋不已，她马上向上级党组织提出申请，宜宾党团组织同意并决定推荐她报考。

1926 年 11 月，赵一曼登上了开往重庆的客船。二姐李坤杰和许多同学来江边码头送行。大姐夫郑佑之工作忙不能脱身，没来送行，而把自己身上仅有的二十块银元给了李坤杰，让她转交给赵一曼。

赵一曼和女中同学段福根等人一起来到了重庆。她们在重庆参加了由中共四川省委负责人杨闇公等人主持的初试，结果有 207 名男女学生被录取。名单公布在《新蜀报》上，其中包括赵一曼、游曦、胡兰畦、陈德芸、段福根等 30 多名女生。男生中有后来著名的共产党将领罗瑞卿、陈伯钧等。

1927 年初的一天，重庆朝天门码头锣鼓喧天，彩旗飘扬，重庆人民在这里欢送到武汉入学的四川籍的学生。四川与重庆地方当局的官员们来了，杨闇公、吴玉章等中共党的负责人也来了，赵一曼和 200 多名参加复试的考生笑逐颜开，与乡亲父老把手话别。一些来码头送行的奶奶、父母用手帕擦着眼泪，个别人在他们的感染下也禁不住落泪。赵一曼说："你们不该哭的，应该鼓励我们走出去，大家被黑暗笼罩得太难受了！"于是就放开嗓子高声唱起歌来。歌声一响，男同学也接着唱。全体都在唱，在庆祝新生活的开始，在庆祝光明灿烂的前途！气氛立刻欢快起来。

杨闇公勉励大家：你们这批人代表着未来，代表着革命，也代表着我们四川，你们一定不会辜负巴蜀父老的期望，做革命的先锋、栋梁。吴玉章接着讲话，他望着赵一曼等意气风发、即将成为女战士的青年说：中国古代就有女人从军的故事。我们四川就有统帅白杆兵奋勇杀敌的女将秦良玉，她是我们家乡人，人称忠忱武略，足愧须眉。希望你们成为中国革命的穆桂英、秦良玉，担负起天下的兴亡，做民族的脊梁。登轮前，党组织指定罗瑞卿为四川省考生的领队。赵一曼看着身材高高的罗瑞卿说:“高个子的同学从什么地方来?”“从南充来。”“你这么高的个子打旗帜一定好,高扬、鲜明!”“是的,而且我打的是红旗!”“那么我们一起跟着你的红旗走,拥护你做领队!”“好啊,我们共同前进!”他们在欢快的笑声中登船。

一声汽笛响,客轮开动了。赵一曼站在甲板上,望着滚滚长江东逝水,心潮澎湃,想起了孙中山所说:革命潮流浩浩荡荡,顺之者昌逆之者亡。是呀,这潮流如同向前进的革命形势,谁能阻挡得住!

招生复试那几天,武昌寒风刺骨,可来自全国的数千名年轻人,把武昌城闹得热气腾腾。蛇山矶头、奥略楼等地,到处都可看到这些青年才俊指点江山、豪气冲天的身影。

武汉分校招收的这批女学生出身于不同的家庭,年龄在 18 岁到 30 岁之间,未婚者占多数,也有的已经结婚并做了母亲,有的还缠过脚……无论从出身、年龄、文化程度看,还是从政治面貌、社会经历看,参差不齐。但她们都有着一个共同的特点,就是敢于冲破封建思想的藩篱,投身到轰轰烈烈的革命洪流中去。

当时武汉分校,有许多共产党员在主持工作。恽代英任政治教官,还分管女生队的工作。施存统任政治部主任。叶镛、陆更夫在政治部担任重要职务。政治教官高语罕、谭平山、沈雁冰、李达、李汉俊、许德珩等也多系共产党员。中下级军事和政治干部大半是共产党员，如徐向前担任政治大队第一队队长，彭漪兰、钟复光任女生队指导员，陈毅“表面上当文书，实际上是共产党党委书记”，李鸣珂任党的联络员，等等。蒋介石只是个挂名校长，校长一职实由邓演达代理，而日常工作由恽代英实际主持。

1927 年 2 月 12 日，213 名女生同男生一样，身着深灰色军装，腰束皮带，打着绑腿，足登布鞋，英姿飒爽。这一天，是黄埔军校武汉分校开学的日子。宋庆龄、何香凝、孙科、谭平山、苏兆征、邓演达、郭沫若、恽代英、施存统等出席了开学典礼。

开学典礼上，许多来宾都讲了话。大家印象深刻的是孙夫人宋庆龄。她身着花格子旗袍，穿高跟鞋，仪态大方，风采动人。她发表了热情洋溢的演讲。

开学典礼后，赵一曼约游曦和陈德芸等学员，到黄鹤楼照相馆照了一张纪念照。她们要开始全新的学习生活了。新生要先接受三个月的政治思想教育。女学员编为一个大队，与新招的政治科两个大队统属“第六期入伍生”总队。女生大队下分三个中队，九个区队，每个区队三个班，并首次在女生队设置了指导员。女生队长是郑奠邦，区队长是杨伯珩、张麟书等人，三个中队指导员分

黄埔军校武汉分校旧址

别是彭猗兰、钟复光、唐维淑。

跟男学员不同的是，女生打的是黑色绑腿，军服双袖上缀着红色字母“W”标记，并佩短枪。

女生队设在两湖书院东首一个院落的两层楼里。楼上是宿舍，楼下是饭堂。军校纪律非常严格，生活节奏非常紧张。早上军号一响，马上起床、穿衣、梳洗，将被子叠得方方正正像个豆腐块，摆在木板床正中央。10分钟一切要收拾完毕，然后进行操练。

在饭堂里吃饭也要军事化，规定15分钟，到时候哨音一响，立即停止放下筷子。从早上五时半起床开始，一直到晚上九时半睡觉，简直没有休息时间。每天有八堂课，四节学科（理论），四节术（战术）科。学科包括政治学、军事学、经济学、社会学的原理，以及孙中山的三民主义、建国方略、建国大纲，与军事上的阵中要务令、射击教范等；术科是战斗中必须掌握的射击、刺杀、筑城等基本科目训练，教材有黄埔军校参照国外教材编写的《兵器学》《筑城学》《地形学》《军制学》《交通学》和《实地测图》等，此外还进行单兵动作、连排营行军等训练。还有到蛇山"打野外"进行实地军事演习等。她们接受学校一切严格的训练，要做和男生一样多的工作。

赵一曼文化基础较好，人又聪明，因此各科成绩在考评时均为"优良"，而且由于她肯动脑筋研究战术问题，经常受到军事教官的表扬。按照军校的惯例，每天早晨，只要不下雨雪，各科各连的学生都要列队跑步。经过紧张、严肃的军事生活，赵一曼的体质逐渐增强，摸爬滚打与男学员相比，一点也不差。

武汉分校最大的特色是唱歌，出操唱，饭前唱，集合开会前更要唱，歌声嘹亮，声震山岳，给武汉三镇带来了勃勃生气。武汉分校是男女分开操练。一天，在进行队列训练的时候，隔墙的男队唱起了歌，赵一曼对同学说："听声音是罗瑞卿指挥的，我们要压过他们，怎么样？""没问题！"赵一曼立即指挥女队唱起来："工农兵联合起来……”立即压过了男队。男队当然不甘示弱，马上又压过女队。你来我往，两队隔着墙拉起歌来。周围的群众都来听，他们被感染，有的跟着唱了起来，连政治总教官恽代英也来看。他笑着说：“女队一唱，这墙就倒向男队一方；男队一唱，又将墙扶正了。歌声代表我们学员的朝气，也代表了我们学校的革命精神！”

在一次野外的战术训练中，赵一曼奉命担任尖兵，在全队最前面侦察敌情。到了一个山坡上，赵一曼忽然看到几只小羊羔在吃草，样子活泼可爱。赵一曼觉得非常有趣，便停下来观看，却忘了前面的“敌情”。后面的队长发现前面异常，向赵一曼轻呼“卧倒”，赵一曼依然没听见。结果，这个本应该最先发现敌情的尖兵却第一个暴露了目标。事后，队长对其处以罚站。同队的女生联合起来向队长求情，要求解除处罚。但是，赵一曼本人的态度却十分严肃，虚心接受批评、处罚。她对同学们说：“不行，连演习都搞不好，将来还能上战场吗？”她坚持执行对她的处罚。同学们深受感动，以后不仅她没有违反任何一次纪律，全队的训练都严肃认真，成绩优秀。

在军校，赵一曼一面学习、训练，一面还负责中共党组织的工作。当时，中共党组织是不公开的，工作是在训练之余进行，因而赵一曼又比其他同学更忙碌。一天，一

赵一曼在武汉分校的同学游曦的照片，赵一曼当时也是这样的装束

同入学的四川同乡胡兰畦来找赵一曼，向她提出加入中国共产党的请求。赵一曼与她亲如姊妹，快言快语："好啊，我们党确实需要你这样有知识又能干的人，但你家的那位先生陈梦云长个封建脑壳，将来肯定与你走的不是一条路，你不如现在与他决裂，现在先切断与他经济上的联系，怎么样？"胡兰畦犹豫了许久，说："我对陈梦云说过，只要他革命，我就永远不和他分离。现在，我怎么能无缘无故与他离婚呢？"当时正值国共合作，军阀倒戈的军队也设立了政治部，胡兰畦的丈夫时为川军第三师政治部主任。对与旧军阀有联系的人，共产党组织接纳时是很谨慎的。赵一曼没有拒绝胡兰畦的申请，只是讲党组织要对她观察一段时间。此后，胡兰畦找到她的好友、中共在武汉分校的党委书记，公开职务是校政

治部的准尉文书陈毅，向他诉说了赵一曼的意见。而后，陈毅找到赵一曼，她向陈毅谈了自己的看法，陈毅表示理解与同意。后来，不出赵一曼所料，胡兰畦与陈梦云因道不同而离婚，后在德国由成仿吾介绍加入了中国共产党。

风云突变。1927 年 4 月 12 日，以蒋介石为首的国民党右派发动反革命政变，以“清党”名义，对共产党员和革命群众进行大屠杀。武汉的国民党右派千方百计离间群众和共产党的关系，妄图扑灭共产党。他们采取最下流的手段，在武汉收买一批妓女组成体操队准备“裸体游行”。并在社会上造舆论，把这些妓女说成是武汉军校女生队的学生。

胡兰畦

为了不让反革命的阴谋得逞，军校组织了一支宣传队，由赵一曼率领到武汉三镇向群众宣讲共产党的政治主张，妇女解放的内容和途径，揭穿反动分子的阴谋。

在这段时间里，赵一曼不辞辛劳，每天到街头去宣传，因劳累过度患上了肺病，一次正在街头宣传时昏迷了过去。

5月中旬，原驻湖北西部的十四师师长夏斗寅在蒋介石的策划鼓动下，与四川军阀杨森相勾结，趁北伐军在河南省内作战，武汉空虚的形势下，从宜昌向武汉发动进攻。武汉当时仅有卫戍司令叶挺指挥的一个师兵力，形势非常危急。叛军进攻到了离武昌只有三四十里的纸坊。叶挺一面指挥部队迎击叛军，一面宣传组织武汉的革命群众，稳定社会秩序，紧急决定将武汉分校的全体师生编为中央独立师，西征讨伐叛军。女生队“这200多名娘子军，要求和男兵一样，全副武装起来，持枪杀敌，与男兵并肩作战”。

女生队一部分负责救护，一部分负责宣传。这时，赵一曼正住在医院里治病。听到这个消息后，立刻从医院偷跑回学校。在她的再三要求下，队长同意把她编进战地宣传队。

赵一曼和同学们一道，全副武装踏上了奔赴战场的征途。经过两天的急行军，傍晚到了咸宁待命。赵一曼、陈德芸、游曦等女学员的任务是奉命逮捕企图配合叛军的一个土豪。当他们赶到土豪的大院时，只见住房陈设漂亮，房内摆着许多盛满香肠、腊肉等腌制品的缸罐，土豪已畏罪逃跑了。她们立即动员村民四处搜寻，终于在后山丛林里发现了土豪。狡猾的土豪企图逃跑，赵一曼和游曦开枪示警。最终把土豪逮捕起来，交给了农会。

处理完此事，她们又马不停蹄地开赴前沿阵地。遗憾的是，她们始终没有和敌人正面交火，叛军已被消灭，没有尝到真正打仗的滋味。赵一曼说，真想痛快地作战，打死几个敌人！

1927 年 5 月 21 日，湖南军阀许克祥在蒋介石的策动下，在长沙对共产党发动了突然袭击，血腥屠杀共产党员，捣毁农会组织，制造了震惊全国的“马日事变”。紧接着，武汉政府中以汪精卫为首的国民党反动派也开始镇压工农、反对共产党。蒋汪合流，反动军人甚至提出“宁可错杀一千，不使一人漏网”的口号，挥舞屠刀，白色恐怖笼罩了武汉三镇。

小贴士

马日事变：1927年5月21日晚，驻守长沙的武汉政府辖军，国民党反动军官许克祥率叛军捣毁了“湖南总工会”、“农民协会”、“农民讲习所”等中共控制的组织革命机关、团体，解除工人纠察队和农民自卫军武装，释放所有在押的土豪劣绅。共产党员、国民党左派及工农群众百余人被杀害。事变后，许克祥与国民党右派组织了“中国国民党湖南省救党委员会”，继续疯狂屠杀共产党人和革命群众，因21日的电报代日韵目是“马”字，故称这次事变为“马日事变”。

在这种情况下，学校顿时混乱起来。反动势力也积极行动起来，诱惑、拉拢学员。一些意志不坚定的学员，纷纷背叛了自己的信仰，与共产党划清了界限。另一部分同学深感时局的混乱，也放弃学业，回家避难了。

面对严峻的现实，党组织为了保存革命力量，开始有计划地疏散党员。第四军参谋长叶剑英把军校改编为第二方面军军官教导团，决定不愿随军的人员可以资送回家，武汉分校学生提前毕业，并宣布解散女生大队。赵一曼马上找到罗瑞卿，两人共同认为，蒋介石与汪精卫本是一丘之貉，汪精卫的面目暴露了，革命与反革命的队伍分明了，从长远看这是好事，革命暂时处于低潮，要隐蔽身份，积聚力量，准备长期的斗争。两人商量后，决定参加军官教导团，离开武汉，向九江、南昌一带转移。

小贴士

黄埔军校女生队女杰：黄埔军校女生队从成立到解散虽然只有半年多的时间，但却培育了许多千古不朽的巾帼英烈。胡筠、赵一曼等成为难得的红军女将与抗日英雄。此外，像胡兰畦、曾宪植、危拱之、张瑞华、黄杰、黄静汶等，在抗日战争、解放战争中从事了军事、政治、妇运等各方面工作，成绩卓著。她们中有不少人在新中国成立后还走上了一些部委和全国妇联、中纪委的领导岗位。

这时，赵一曼也收到了二姐李坤杰从老家寄来的信，称四川的右派势力也发生了叛乱，形势危险，劝她赶紧回家。

同乡段福根已经脱下军装，穿上了花旗袍，准备回家，她劝赵一曼跟她一起回去。对于二姐和段福根的劝告，赵一曼很是理解。但她离开家乡，走出封建的家庭，走上寻找新生活的道路，不是才刚刚起步么。长江没有回头浪，怎能半途而废呢？“路漫漫其修远兮，吾将上下而求索”，干革命，就要干到底！赵一曼决心坚定，对段福根说：“人各有志，你走吧，可我决不回头。我不相信革命就这样完了，也不相信共产党就这样失败了。请你回去后，转告我二姐和大姐夫，请他们放心，我要继续革命！”

赵一曼把段福根送上了返川的轮船，又赶回混乱的学校，加入教导团，连夜向九江方向进发。

1927 年 8 月 1 日，中国共产党打响了武装反抗国民党反动派的第一枪。不幸的是，在开拔九江的途中，赵一曼肺病复发，病倒了，不得不脱下军装，隐蔽在一个老乡家里。为了逃避敌人的追捕，她后来化装成一个逃难的农妇，乘船去了当时白色恐怖笼罩的上海。

第四章　比翼齐飞与劳燕分飞

赵一曼到了上海，特务密探各处都是，警车在街道上来回呼叫，整个城市弥漫着危险与不安。为了保护自己，赵一曼一面在一个四川同乡的家里以家庭教师作掩护，一面设法与党组织取得联系。不久，她与党组织取得了联系，担任地下联络的任务。就在赵一曼从武汉到上海期间，中国共产党相继领导了南昌起义与湘赣边界的秋收起义，并在罗霄山脉中段井冈山开创了中国共产党领导下的第一个农村革命根据地。

在这种形势下，中国共产党为了培养干部，选派一些骨干秘密去苏联莫斯科中山大学学习。他们认为赵一曼立场坚定，文化、革命历练都合格，特别是她有在黄埔军校武汉分校学习的经历，将来很有发展前途，于是她被选中。1927 年 9 月的一天，一艘挂着苏联国旗的商船从上海黄浦江口鸣笛起航了，这是开往苏联海参崴的一艘远洋轮船。她与三四十个同志一起踏上了赴苏联的征途。

中年时的陈达邦

出发前，党组织为了让他们互相交流、学习，进行了编组，每组 10 人左右。赵一曼这一组的小组长叫陈达邦，是湖南人，也是武汉军校第六期的学生。上船的第二天，风浪很大，船颠簸得很厉害，赵一曼开始呕吐，她晕船了。她趴在那里吐个没完，作为一个男生和小组组长，陈达邦自然要照料她、关爱她，替她收拾呕吐物，给她送水、送饭，更多的是陪她说话，讲故事给她听，分散她的注意力，提高她的情绪。两人都是青春豆蔻年华，赵一曼对他产生了很好的印象和很深的依赖。

陈达邦儒雅俊朗，为人热情诚恳，更重要的是，他们有许多共同语言。他们的身世和经历也差不多。两个人都出身在比较富足的家庭，但为了救国救民，都毅然脱离、背叛了封建家庭，走上了革命的道路。尤其是陈达邦也很钦佩赵一曼有主见、百折不挠的个性。

从上海到海参崴，轮船行驶了一个星期，中间在朝鲜北部的清津停了一天。到了海参崴之后,因西伯利亚运输忙碌,等待了十几天,才有去莫斯科的火车。这时,海参崴已经很冷了,大家住在小旅馆内。除了到华侨开的中国饭馆吃饭外,没有什么地方好去。在旅馆内又闷又无聊,大家就在街上走来走去。这时,赵一曼身体还很虚弱,陈达邦就陪她出去看看风景、散散步。

由海参崴到莫斯科坐的是普通快车,沿途走了差不多两星期。到了莫斯科,他们一起进入了莫斯科中山大学学习。赵一曼被分配在第六班,学生证号807。学生证上都写着俄语名字,赵一曼的俄语名字叫斯科玛秋娃,很好听。她不光名字好听,人也是亭亭玉立,长长的睫毛,眼睛水灵灵的。一到莫斯科后就投入到了紧张的学习,过去就很少梳妆打扮的她,现在更没有时间打扮了,头发乱蓬蓬的,同学们给她起了个绰号"毛栗子"。

由于中山大学是俄语授课,赵一曼学习有些吃力。陈达邦的俄语比较好,于是经常帮助赵一曼。无论是学习还是理想,他们两个人都谈得来。赵一曼觉得陈达邦人好,性格也很好,学习也很努力。慢慢地,赵一曼主动约陈达邦到莫斯科河边去散步,然后主动对他示爱。

赵一曼是个敢爱敢恨的人。在当时,一个女生主动向男生示爱,是要有一定魄力和很大勇气的。

1928年4月，赵一曼和陈达邦在同学们的祝福下，在莫斯科中山大学举行了简朴的结婚仪式。他们度过了“很踏实、很幸福的一段时光”。陈达邦爱吃零食，赵一曼就经常给他准备一些饼干、糖果什么的。在陈达邦看来，赵一曼是个小妹妹；而在赵一曼眼里，陈达邦好像是个调皮的孩子。爱情的力量是强大的，陈达邦同赵一曼这对新人，在爱情的力量鼓舞下共同学习，相互帮助，携手前进。

小贴士

莫斯科中山大学成立背景：1924年1月，在国民党“一大”上，孙中山提出了“联俄、联共、扶助农工”三大政策。在苏联的援助下，孙中山对国民党进行了改造，吸纳了大量中国共产党人，彻底改变了他屡战屡败的形势，很快在广州站稳了脚跟。但就在形势胜利发展之际，1925年3月孙中山逝世。苏共领导集团决定创办一所学校，以孙中山的旗帜，招徕大批中国先进青年，培养中国共产主义群众运动的干部，并成为今后中苏关系的纽带，莫斯科中山大学就是在这种情况下应运而生的。

当时，苏联由于西方国家的封锁，经济情况不好，物资匮乏。由于营养不良，赵一曼在结婚后不久再次病倒。她被送往克里米亚海滨疗养院疗养，陈达邦被获准陪同前往。没有了学校集体生活的快节奏，没有了繁重的功课，代之以医护人员的精心诊治和丈夫的百般呵护，轻松的疗养生活和黑海岸边宜人的气候，使赵一曼在很短的时间内就恢复了健康。可以说，那是她和陈达邦的“蜜月”之旅。期间赵一曼加紧自修俄语，疗养结束时已经能够用俄文写一些散文和诗歌，并将它们赠送给当地的朋友。

历史没留下一张赵一曼与陈达邦的合影照，这是后来人们制作的合成照

这时，国内革命形势已处于新的发展时期，白区工作急需大批妇女干部，在莫斯科中山大学学习的一部分女学员将回国参加革命工作。赵一曼也在提前回国的名单中。陈达邦很担心她的身体，说："你怀孕已经四五个月了，行动不方便，要不，我们向组织说明一下情况，还是等孩子生下来咱们再一块走。那时我们一起回家，也好有个照应。"赵一曼不同意，她说自从在武汉分校那次被罚站后，就再也不会违反纪律。陈达邦没有再劝她，他知道赵一曼的性格，她在个人重大问题上只要下定决心，是劝说不回来的。赵一曼当然明白丈夫的心思，她宽慰陈达邦说："这里的气候我不能适应，说不定回国后还会好些，而你应该留下来继续学习。我自己的困难会克服，等你的学业结束后再回去。"

陈达邦最终还是"妥协"了，他尊重赵一曼的决定。实际上，赵一曼又何尝舍得离开陈达邦。这种刻骨铭心的分别，她也受不了。但是为了革命工作的需要，她只好忍痛割爱。

临行前，陈达邦给了赵一曼一块怀表，还有一个戒指。赵一曼不肯要。陈达邦说："怀表，你回去以后工作上一定需要；戒指，当然是代表我们的爱情。这两件东西对于革命工作与我们俩的感情都是需要的。另外，万一遇到什么难处，可以把它们变卖。”他硬把那两样东西给了赵一曼。

1928年11月，身怀六甲的赵一曼告别了陈达邦，与五位同志一起踏上了回国的艰难旅程。为了避开敌人的严密盘查，也为了迷惑敌人，有火车，他们不能坐。苏联当局将他们这批人装扮成被驱逐出的非法入境者，还用绳子捆起来推出国境线。在徒步穿过冰天雪地的国境线时，赵一曼的脚也冻了，手也冻了，要爬着走，她又怀着小孩，反应也很大。幸运的是，这孩子命大，居然在肚子里安然无恙。经过一个多月的磨难，赵一曼和同志们安全地回到了祖国的怀抱。只是没想到，她和陈达邦这一别，竟是永诀。他们再也没能相见。

第五章　骨与肉和党与国

美丽端庄的赵一曼

1928年11月9日，赵一曼一行来到了上海，向党组织做了汇报。党组织准备在湖北宜昌建一个秘密交通联络站，决定派赵一曼前去开展工作。由于国内革命形势正处于低潮，斗争十分严酷。宜昌是沟通四川和大西南与上海党中央的重要交通联络点。

宜昌靠近湘鄂西苏区湘鄂边根据地，国民党重兵盘踞，长期陷于兵匪派系纷争蹂躏之中，白色恐怖为鄂西之冠。1928年6月，中共鄂西特委机关由沙市迁至宜昌，中共组织完全处于地下，环境极为艰险。由于宜昌的共产党地下党组织遭到了破坏，必须要把那里的秘密交道联络站尽快重新建立起来，组织上一时找不到合适的人选。赵一曼的到来，党组织认为她是最合适的人选，赵一曼也毫不迟疑地接受了任务，立即前往宜昌。

小贴士

湘鄂西苏区：即湘鄂西革命根据地，位于湖南、湖北两省西部边界地区，是第二次国内革命战争时期割据范围最大的三块红色根据地之一。鼎盛时期，湘鄂西革命根据地曾覆盖 58 个县市，拥有 2 万正规红军和近 5 万地方武装。

1928 年 12 月末，赵一曼来到了宜昌，开了个小店作掩护，对外说是丈夫在外面跑买卖，主要任务是转运文件，接应往返于西南各地和上海来的地下党干部。这时，她已经怀孕六七个月了，肚子里的胎儿开始躁动不安。她租住在宜昌大南门、长江边的一个狭窄巷道里，一间木板房，街道狭窄而肮脏。天一下雨，黄浊的水流就灌满了这间阴暗的小屋，条件十分艰苦。这里是码头搬运工人的聚居区，便于藏身。周边住的都是贫苦的工人。

表面上看起来，她的日常生活跟一个普通妇女差不多：洗衣做饭，淘米洗菜。她也学当地人家，买了些鱼肉腌了，挂在檐前晒干。邻居几家都是码头工人，生活非常艰辛。为了工作，也为了生活，赵一曼也搬个小木凳，去跟那些婆姨一起做针线唠家常。她们教她怎么给还未出生的小孩缝小褂、小裤，介绍生孩子的经验。

白天，她与周围的人们过着同样的生活；到了夜晚，她就一个人悄悄分发文件，传递情报。

一天早上起来时，赵一曼觉得肚子一阵阵疼痛。房东老太婆见她挺着肚子，额角冒着豆大的汗珠，很是着急。按照当地人的风俗，外人在自己的家里生孩子，产妇的血将会亵渎家神，是不吉利的。老太婆催促赵一曼搬走。她说好话，可老太婆十分固执，一定要她搬走。要是平时，赵一曼是决不会这么求人家的，但考虑到这个联络站刚建立不久，工作局面才刚刚打开，要是自己搬离此处，来接头的同志们扑空了，要耽误大事的。再说，马上就要过年了，她挺着个大肚子，往哪儿搬呢？她再次苦苦请求，可老太婆封建思想严重，怎么也不松口，甚至还坐在地上哭闹起来，赵一曼只好痛苦地离去。天色已晚，寒风像针一样刺着骨头。赵一曼沿着小巷艰难地走了一会儿，心想，还是不能离开这里。万一这时有同志们来联络，怎么办呢？回去，无论怎样也要回去。当她沿原路返回的时候，见老太婆的家门已经关上了，她只好在门前的茅草堆里躺下。第二天一早，老太婆开门，见茅草堆里躺着个人，吓了一跳。老太婆有些过意不去，端了一碗热水给她，还是不肯让她进屋。

隔壁的一位码头工人十分同情她的处境，让老婆把赵一曼让进屋里。他们把本来就很狭窄的板棚屋，再隔出小半间让她生孩子。1929 年 1 月 21 日，赵一曼终于做了母亲。她给孩子取名宁儿。在她看来，儿子的名字包含了两种含义：一是这一天是列宁逝世五周年纪念日；二是她字淑宁，给儿子取名“宁儿”，希望他平平安安长大。宁儿长大之后的名字叫陈掖贤。

不久，发生了变故。她的房东、码头工人赌博输了钱，跟人打架，被警察抓走了，需要一笔钱才能赎出。他的妻子因为失去了依靠而痛哭流涕。为了赎出这位工人兄弟，赵一曼卖掉了丈夫陈达邦送给的结婚戒指。这事引起了警察的怀疑，他们开始注意起这个神秘的年轻妈妈。一天夜里，邻居告诉赵一曼，警察已经几次悄悄来房前屋后查看了，情况不好。赵一曼立即在住房上做了“发生情况紧急撤离”的记号，背着宁儿在当天午夜，悄悄登上了开往上海的轮船，神不知鬼不觉地离开了宜昌。

赵一曼回到了上海，立即向党组织汇报了在宜昌开展联络工作的情况，并向党组织要求接受新的任务。党组织考虑她身体虚弱，又带一个哺乳的孩子，就要他做一些了解社会思想动态与工人运动情况的工作。

赵一曼的工作不久有了起色，得到党组织的认可，于是再调她到上海党中央的保卫部门工作，主要任务是在党中央外围侦察情况，发现问题，及时报告。赵一曼每天都要提着菜篮子，抱着宁儿，像家庭妇女一样转悠。偶尔，他能见到党中央的领导人周恩来。周恩来是她非常敬佩的人。在黄埔军校武汉分校学习时，她就见过周恩来。

小贴士

中央特科：大革命失败后，中共中央机关迁至上海。为保卫党中央的安全，1927 年 11 月，中央在上海建立政治保卫机构——中央特科，由周恩来实际主持。特科的主要任务是保卫中央领导机关的安全，了解和掌握敌人的动向，营救被捕同志和惩办叛徒特务。赵一曼所做的就是这个工作。

尤其是他领导上海工人第三次武装起义获得了胜利与南昌起义的事迹，使她钦佩得不得了。在见到周恩来的时候，她恨不得走上前去与他讲讲话，但是在当时的情况下，这是违反纪律的。周恩来同志也好像理解她的心意，以亲切的眼光望她一眼，依旧马上走开。

由于国民党特务密布，加上叛徒出现，情况说变就变。中共中央机关在上海的生存环境十分恶劣，机关经常遭到特务的破坏，干部的调动与住址的变动十分频繁。

这时，毛泽东、朱德领导的湘赣红军在井冈山站住了脚，湖南与江西的国民党军队集中优势兵力“围剿”红军。南昌是指挥部，由于敌人的破坏，江西省党的组织比较薄弱，情报工作基本上是空白，党中央有关部门经全面考虑后，决定派赵一曼到南昌。

赵一曼带着宁儿赶到南昌，在中共江西省委机关工作，化名姓高。为了革命工作的需要，赵一曼和以教师身份作掩护的江西省委秘书王宏假扮成夫妻，组成了一个“家庭”掩护机关工作。

赵一曼和王宏在一个偏僻的胡同里找了间房子住了下来。这里既隐蔽又可很快到达交通要道，万一出现情况不利时，便于撤退。有地下工作经验的赵一曼对环境与交通的要求十分注意。

赵一曼白天操持家务，抱着孩子提着篮子去买菜，回来洗衣做饭收拾屋子，从外表看就是一个普通的百姓之家。晚上，王宏从外面回来，两个人互相交流情况，商量怎么进一步开展工作，或抄写、油印文件。他们把油印机藏在床底下。床上有两套被子，王宏晚上就搬一套被子睡在客厅里的木沙发上。南昌的冬天很冷，湿冷的空气从各个角落里钻出来，能透过人的骨头。宁儿经常感冒，赵一曼为增强他的抵抗力，弄来了一些偏方，并学会了熬草药。

1929 年 11 月 23 日，王宏去省委机关开会，深夜未归，赵一曼一边处理文件一边焦急地等待着。到了半夜，才见王宏突然跑回来，他叫赵一曼抱起熟睡的宁儿快跑。一边跑一边讲，党内出了叛徒，省委机关已经被破坏，估计敌人马上要追来了。他把抱着孩子的赵一曼推出后门，自己转身回屋烧毁重要文件。宁儿的衣服都来不及穿，赵一曼就用被单把宁儿包着，跑出去。刚出门，就听到敌人用枪托砸门的声音，紧接着几声枪响。外面正下着大雪。她抱着孩子跑啊跑，前面看不见路，白茫茫一片。跑出很远才看到有一个村子。她上气不接下气地跑到近处，惊喜地发现了一个稻草堆，她就把那个稻草堆刨了一个坑，然后抱着宁儿钻到里面去，这样过了一晚。

事后赵一曼才知道，在这次事件中，江西省委机关及其下属组织遭到国民党破坏，先后被捕的有省委书记沈建华，省委常委、工委书记胡子寿，前省委书记、省委特派员张世熙，省委特派员、策划罗炳辉将军起义的赵醒吾等共400余人。

为了向党组织汇报情况，尽早营救出被捕的同志，赵一曼决定前往当时的党中央所在地上海，但此时她已身无分文，只好抱着宁儿沿途乞讨。江边没看到船，她只好沿着赣江四处寻找。四野静悄悄的，冷风卷起雪粒，在空中飞旋。赵一曼从这村到那村不停地走，只有宁儿啼哭的时候，她才坐下来歇一歇，讨碗水，要口稀饭，喂喂孩子。有人问她的来路，她就说，进城找孩子的爸爸，路上遇到了土匪，东西被抢了。

黄昏的时候，赵一曼带着孩子来到江边上一个小镇，那里的一批粮船正要启程。她咬咬牙，把一直珍藏着的丈夫陈达邦送她的银怀表掏出来，给船老板抵作船票，搭船到九江。她心里念叨着陈达邦的名字，这可是丈夫送给她的爱情信物啊，可现在，为了革命，她不得不把它拿出来。赣江上风很大，船是逆水，走得很慢。冬季水浅，遇到浅滩，船夫们还要下去拉纤。这个季节在船上过夜是很冷的，船工们都自备被褥，赵一曼什么也没有，只好抱着宁儿坐着。船工们同情她，给她一床破棉絮，才勉强抵挡了晚间的寒冷。两天后，船终于到了九江，码头上正好有一艘开往上海的客轮。可她身上现在没什么可卖钱的东西了，很着急。船工们给她想了一个办法，他们悄悄地把运粮的木船靠近轮船，趁人不注意，让她抱着孩子钻了进去。

船在行驶中，她还是被发现了。老板说，船不能白坐，钱是不能少的。赵一曼只好承诺船到上海再给钱。到了上海，赵一曼交不出船钱，船老板就叫一个小伙计跟着她上岸去拿钱。但是为了党组织的安全，赵一曼不能带这个小伙计到接头地点。怎么办呢？她就忍着寒冷，抱着饿得哇哇直哭的宁儿，装作找人的样子，从这条街走到那条街，可是怎么也甩不掉小伙计。实在无奈，只好把宁儿放到马路旁，从地上拣了几根稻草，挽了一个草标，颤抖着插在了宁儿的头上，装作投亲不遇，甘愿出卖自己的亲生儿子。

就这样，赵一曼坐在街边，叫卖起自己的孩子。人们围过来看热闹。她哭诉着："我因投亲不遇，又遭土匪抢劫，没法子活了，只好卖掉这唯一的亲儿子。愿买的，请给大洋一百元。"她生怕真的有人买，故意把价钱叫得很高。

小伙计也是穷苦人家出身，看到这一幕，产生了同情心，悄悄地走开了。等小伙计走远了，赵一曼才抱起宁儿向联络站走去。

赵一曼重新与党组织接上了关系，她的机智勇敢得到了组织的赞扬。不久，她被调到中央机关工作，奔走于江苏、湖北等地，依然做交通联络工作，并在周恩来、宋庆龄、潘汉年同志的领导下从事革命活动。

为了全身心投入工作，赵一曼决心把宁儿送到武汉陈达邦的堂兄陈岳云那里寄养。赵一曼在莫斯科和丈夫告别时，陈达邦曾向赵一曼交代过，将来孩子带在身边会给革命工作带来拖累，到时候可想办法把孩子交给堂兄陈岳云抚养。陈岳云是个商人，生活条件优越，他们放心。

新中国成立后陈达邦与妹妹陈琮英的合影

这时，陈达邦的妹妹陈琮英也在上海党中央机关从事秘密交通、机要和油印文件的工作，并兼管一部分中央经费。经人介绍，赵一曼才知道陈琮英是自己的小姑子，她把自己的想法和处境跟陈琮英讲了，陈琮英十分理解。两年前，她为革命也不幸失去了自己的女儿。说起这些，姑嫂二人都感慨不已。她俩商量好把宁儿送到陈岳云家里。

真的要把宁儿送走时，赵一曼肝肠寸断。由于工作的多变，生活动荡不安，加上营养不良，已满一周岁的宁儿显得很瘦弱，脸色苍白。赵一曼心想：宁儿，妈妈对不起你，没照顾好你，跟着妈妈吃了许多苦，这都是因为我们祖国多灾多难啊！妈妈要奋力与凶恶的敌人进行斗争，妈妈吃苦不要紧，可你就要受委屈了啊！说着，她流下热泪。宁儿见妈妈哭，也哇哇哭了起来。赵一曼更伤心了……不一会，她为宁儿擦去小脸上的泪花，自己也擦干脸上的眼泪："好宁儿，别哭了啊，妈妈也不哭！为了将来的幸福，妈妈必须这么做的啊。你现在不懂，将来一定会懂的啊！"

1930年4月的一天，赵一曼抱着宁儿来到了附近的一家照相馆，坐在高背藤椅上照了一张相。这就是人们现在看到的那张照片。这是赵一曼和儿子唯一的一张合影，是她留给儿子唯一的纪念。照片上，赵一曼梳短发，椭圆脸，温柔宁静，充满爱意，弥漫着母性的光辉，宁儿则依偎在母亲怀里，一双水汪汪的大眼睛，显得很好奇……

赵一曼怀抱宁儿的照片

后来，赵一曼把这张照片寄给了远在莫斯科的陈达邦，让他不必挂念。她还给了好友郑秀石姐妹俩一张，请她们帮忙转给自己的二姐李坤杰。

赵一曼和陈琮英一起把宁儿送到武汉陈岳云家里。当时武汉三镇与上海一样，白色恐怖非常严重。她们安置好宁儿，便匆匆赶回上海，投入紧张而又危险的工作中去了。

第六章　夜幕下的沈阳、哈尔滨

我国的东北是日俄帝国主义利益交集地区，特别是1905年日俄战争之后，日本更是变本加厉加紧侵略东北的活动。中国共产党成立之后，为了中华民族的独立、解放，就向东北派出了一些优秀干部。从1927年10月至1936年1月，先后成立了以陈为人、刘少奇、陈潭秋等为书记的中共满洲省委，领导工农群众进行了艰苦卓绝的斗争。

1931年9月18日，日本制造了九一八事变，接着向东北各地进攻。

在中共中央的领导之下，中共满洲省委全力以赴投入发动和领导东北民众武装抵抗日本侵略的伟大斗争。为了加强对东北抗日斗争的领导，决定派出一批干部到东北。赵一曼就是这批到东北的干部之一。

1931年10月，赵一曼乘船离开上海前往东北，与她同行的是全国总工会负责人之一的黄维新（对外称“老曹”)。一路上他们假扮夫妻。到了沈阳,按照事先的约定,赵一曼与中共满洲省委常务委员兼职工运动委员会书记金伯阳接上了党的组织关系。

在金伯阳眼里,赵一曼中等身材,两道剑眉,俊朗的脸庞流露出坚毅、果敢的神情。金伯阳介绍赵一曼结识了英商启东烟草公司的青年工人赵兰芬、赵兰芳两姐妹,并住到了她们家里。党组织上安排赵一曼的职务为中共满洲总工会组织部长,并负责妇女工作,黄维新继续北行,去了哈尔滨。

1932 年 1 月的一天,启东烟草公司地下党负责人孙星五接到上级党组织的一封信,信中让他找一个安全的地点接待中央派来的同志。2 月下旬,孙星五在北市场皇寺东胡同浩然里的一间住宅中见到了赵一曼。当时的沈阳很冷,赵一曼穿着棉袄。接头人介绍:“她叫李一超,你管她叫李姐吧,今后你就在她的领导下工作。”

为了便于工作,赵一曼用江海燕作假名,找了一份糊烟盒的差事,以此作为掩护。

启东烟草公司是英国人经营的。厂里当时有 1500 多名工人,其中大多数是女工和童工。赵一曼先后来到进步工人、家属中开展工作。

启东烟草公司大量雇用童工,他们每天干十几个小时的活，不仅工资待遇十分低，而且还经常受到监工的打骂。在赵一曼的领导下，工人提出减轻童工的劳动定额，保证童工的身体健康的要求。他们通过社会关系在《盛京时报》发表了一篇《启东烟草公司童工生活剪影》的报道，以文字与照片的形式揭露了公司当局压榨童工的行为。报道发出后，在社会上引起较大反响。迫于厂内工人和社会舆论的共同压力，烟厂老板怕事情闹大，不得不减轻了童工的劳动定额。通过这件事，厂内的工人大受鼓舞，工人运动得到开展。

小贴士

童工：指未满16周岁，与单位或者个人发生劳动关系，从事有经济收入的劳动或者从事个体劳动的少年、儿童。全球各地区中，亚太国家童工最多，已经超过1亿。

在工业革命以前，世界上许多地方的许多儿童，如同成人一般地从事各种劳务，如农场之劳作等；而在英国工业革命之前期，工厂与矿场亦曾大量地使用、剥削童工，直到后来英国政府制定《工厂法》等相关法令，才使英国童工之剥削与使用逐渐得到制止。

为了进一步地开展抗日斗争，赵一曼还组织了一个“足球俱乐部”。表面上是进行体育活动，实际上为抗日活动作掩护，发展工人运动的骨干。为团结女工们进行斗争，赵一曼还派一个叫李妹的共产党员组织了“姐妹团”，使女工之间互相帮助团结起来。

1932 年 4 月，工人们得悉烟厂正在赶制一批高级香烟供给日本关东军司令部的消息。赵一曼指示“反日小组”成员，暗地里对这些香烟洒水，结果这批香烟很快就发霉长毛了。李妹领导的“姐妹团”还在包装香烟时放进一批写有反日口号的纸条。对此，关东军非常气愤，日本特务加强了对卷烟厂的监视。

赵一曼还组织“反日小组”成员在市区内散发反日传单，将一些传单投到邮筒中，利用黑夜散发写着“中国人不当亡国奴”、“日本人滚出东北”等口号的传单。

正当他们的抗日宣传工作如火如荼进行时，中共满洲省委机关被敌人发现并破坏了。1931 年 12 月，中共满洲省委从沈阳搬到了哈尔滨。1932 年夏天，赵一曼领导的满洲总工会也随着搬到哈尔滨。

哈尔滨是个美丽的城市，被称为“东方莫斯科”、“东方小巴黎”。高大的俄罗斯式漂亮建筑，整齐的道路两旁绿树成荫，空气格外清新。但自 1932 年 2 月 4 日日本军队占领了哈尔滨后，日寇、伪军横行于市，白色恐怖笼罩的哈尔滨像是一座大监狱。

赵一曼来到这里，就是要在日伪军的眼皮底下从事秘密工作。

为了便于掩护，应付敌人的盘查，中共满洲省委决定让赵一曼和老搭档满洲总工会书记“老曹”组成“家庭”，开展党的地下工作。老曹原来是个铁路工人，参加过著名的二七大罢工，有着丰富的工会斗争经验，曾被敌人逮捕受过刑，脚有点跛，行动不方便。

小贴士

二七大罢工：即京汉铁路工人大罢工。1923 年 2 月 7 日，在吴佩孚的命令下，湖北督军肖耀南借口调解工潮，诱骗工会代表到江岸工会会所“谈判”。工会代表在去工会办事处途中，遭到反动军队的枪击，赤手空拳的工人纠察队当场被打死 30 多人、打伤 200 多人。反动军队还闯进工人宿舍，大肆搜捕，造成了震惊中外的二七惨案。

日伪统治十分严酷，实行“联保制”、“良民登记制”，没有人担保，连房子都租不上，许多人动辄被当成“嫌疑犯”抓起来。为了安全，他们租住在南岗区一个俄国老太婆家里。住在这里不必报户口，又没有邻居登门，出来进去无人过问。这个老人只有一个女儿，日军侵占哈尔滨后，女儿被日军抓去施暴而死，老人对日本占领者的态度可想而知，就将女儿的卧室租给了他们。卧室的一切陈设都没有变动，老人家像对自己的孩子一样照顾他们的生活。

每天早上天还没亮，赵一曼就已起床做早饭了，老曹吃过早饭出去活动，她就拖地板、洗衣服、上街买菜，像个能干的家庭主妇。干完这些事，她就抄写文件、刻印传单、对外联络，担负着总工会的机关工作。除此以外，她还负责在烟厂、电车厂的抗日救亡宣传活动。她经常穿一身古铜色毛织的上衣和裙子，脚上是双绿色高跟皮鞋，出门则拎着一个褐色的小手提包，显得端庄、秀丽。这应该是她作为女人本色的打扮，但为了革命，为了抗日救国，这身打扮却成了她干地下工作必要的行头。

中共满洲省委和中共哈尔滨市委将对电车工人活动作为重点，为此赵一曼经常到电车工人中去，开展抗日救国宣传活动。

哈尔滨电业局(包括发电厂与电车厂两部分)有 200 多名电车司机、车长。为了让更多的工人团结起来反抗日伪当局,赵一曼和进步工人们常常制作标语、散发传单,在工人中进行秘密的宣传活动。当时,党的活动缺少经费,一些工人就借着工作之便,为党筹集经费。在卖车票的时候,常常把乘客丢到地上的车票捡起来,悄悄放在售票袋里,再卖给别的乘客,从中攒下钱,作为地下党的活动经费。

日本占领哈尔滨后,电车工人不仅毫无政治权利,而且在经济上也饱受着种种残酷剥削,动辄被罚款,还经常受到车监督侮辱人格的抄身搜查,以及日伪警察们的凌辱、殴打。

1933 年 4 月 2 日晚 8 时许,二路电车行至景阳街时,有一便衣乘客登车。车长张洪渔招呼他买票,他就是不买。车已经开动,那人仍坚持不买票。而且,到桃花巷站时,这个便衣(实际上是宪兵)将张洪渔拉下车来,拳打脚踢。还不算完,把他带到宪兵队,打得遍体鳞伤。消息传出后,工人们气愤难平,提前收车入库。

根据中共满洲省委的指示,赵一曼连夜赶到电车厂指导电业局党支部利用这个事件领导电车工人举行大罢工,借此反抗日本侵略者的殖民统治。他们当晚就在电工学校的宿舍里召开党团联席会议，研究罢工的方法和步骤。经过党组织的发动，一致决定举行罢工。接着又召开党团员、工会会员、积极分子参加的大会。会上，大家群情激愤，当即宣布罢工，并成立了罢工委员会。赵一曼组织党团员、积极分子，连夜画漫画、写标语、刻印《告哈尔滨市民书》等宣传品，贴在街巷、火车站与主要路口及电车厂、电车沿线，向全市人民揭露日伪宪兵殴打工人的罪行，呼吁全市人民对工人罢工斗争给予支持。

会后，哈尔滨的交通全面瘫痪。4 月 3 日早上 5 时许，罢工工人召开群众大会，向宪兵队和电业局提出了复工的五项要求：1. 给受伤者抚恤金 50 块大洋；2. 撤换宪兵队长；3. 交出凶手由工人惩办；4. 赔偿受伤者医药费；5. 电业局担保以后不再发生类似事件。不答应不复工。电车工人的斗争，也激发了广大群众反日情绪的高涨。

当天早晨，伪电业局总办高义恒带着十多个相关的人来厂里与工人谈判，说什么“这次宪兵并不是看不起电业局，打你们这和打我一样。但是交通不能不维持，不然日本方面不让，你们大家要上当的……抚恤金马上可拿，人已经送到医院，不过祸首要宽我几天来交涉，其余条件没问题”。听了他的话，一部分工人在 3 日上班，但刚出车又发生了伪警察殴打工人的事件。于是工人再也不相信电业局的承诺，继续罢工。

4 月 4 日，警备部队和警察包围了工人，枪上刺刀，墙角架上了机枪，用武力威胁工人复工。这种形势并没有让工人动摇，他们依然坚持不答复条件绝不复工。伪政府无奈，只好答应了工人提出的条件。地下党组织认为罢工已收到效果，因此决定于 4 月 5 日复工。

电车工人的罢工斗争，使日伪当局非常震惊。开始时他们采取利诱、分化的手段破坏工人斗争，但工人们在党的领导下，团结一致，毫不畏惧，表现出了很高的革命觉悟。

遗憾的是，工人复工之后，电业局不但没有履行承诺，反而开除了六名工人。大家愤慨至极，号召“每人捐洋三元”，用来救济被开除的工人兄弟，还用这笔钱，在电业局附近开设了一个“聚兴号粮米店”。这个粮米店在运营的半年中，成了党组织地下活动的据点。

由于赵一曼工作深入细致，成为工人们的贴心人，有时乘坐电车，女司机和女售票员都跟她亲切地打招呼，不让她买票，下车时还不住向她挥手告别。

在赵一曼和同志们的带领和发动下，哈尔滨的工人和市民，反满抗日情绪日益高涨，罢工、罢课、罢市此起彼伏。

一天晚上，赵一曼利用夜色掩护，和一个工人爬上了高高的纪念塔，用红油漆写下了“中国共产党万岁！”几个大字。第二天一早，敌人发现了，气急败坏地命令值班伪警用刀刮掉。由于工作的深入，不久，连伪满洲政府办公室也出现了反满抗日的传单，令反动当局惶惶不可终日。他们更加疯狂地对地下党组织进行搜捕和围剿。不少基层党组织遭到破坏，不少同志被捕惨遭杀害。

电车工人大罢工后，虽然党的影响扩大了，但也引起了敌人的警觉和注意。他们派出大批警察、特务，加紧侦缉共产党员的活动。1934 年 2 月 26 日深夜，工人们正在熟睡时，一群特务闯入电车厂工人宿舍搜捕，电业局党支部书记王知一等 10 余人被捕。

一天，赵一曼执行任务回来的路上被省委交通员老李头截住了。“小李，总工会出事了，老何让我来带你马上到他那里去!”赵一曼听到后，思考了一下，镇定地转身跟着他就走。她从事地下工作多年，已养成了临危不乱的习惯。老何，即满洲省委组织部长何成湘。他向赵一曼介绍了近几天来发生的情况:“省委出了叛徒，哈尔滨的党组织已遭到严重破坏，省总工会已被敌人查抄了。老曹已被捕，我们正在想办法努力营救。你和老曹在一起，再公开活动十分困难。为了保存实力，等待时机，组织上决定疏散隐蔽。”何成湘征求她的意见。赵一曼态度坚决地说:“我到东北这里之后，彻底认识了日本侵略者的豺狼本性。它除了屠杀掠夺，不会与你讲什么有关民主的一丁点条件的。现在我决定到游击区去，用枪杆子将日本侵略者赶出中国去，请党组织考虑我的申请！”何成湘看着赵一曼清瘦而又坚决的面孔，担心她的身体，说：“游击区不要说战斗，就是平时的条件也很艰苦，你的身体吃得消吗？肺病犯了怎么办？”

赵一曼坚决地说：“我学过军事，现在正是用它来报效祖国的时候。老何，你了解我，咱们什么苦没吃过！至于我的身体，请组织放心，我能坚持！”

9月11日晚，赵一曼与战友们告别。战友们、姐妹们对她的离开十分不舍又无法挽留，有说不完的话又说不出什么，只得依依惜别。

在离开哈尔滨的前夕，她听到了不幸的消息，与她假扮夫妻、共同战斗了两年多的老曹在狱中惨遭毒手，壮烈牺牲了。他们曾共同经营起的一个战斗的、温暖的“家”，忽然被毁掉了。想到此，她心里一阵阵酸楚，不由得潸然泪下，心里默默念道：“老曹，你的血不会白流。我要到战场上多杀敌人，为你报仇。”

第七章 “红衣白马”驰雪原

赵一曼来到哈尔滨以东的珠河县，其职务是中共珠河中心县常委、县特派员和妇女会负责人。她一到珠河，就来到三股流根据地，克服各种困难，与群众打成一片。为了密切与群众的联系，她穿着东北妇女的大襟袄，顶着东北妇女一样的毛巾，学习东北农村的各种生活技能，习惯东北的乡村生活。他抱柴火烧火做饭，补衣服，吃大碴子饭，睡大炕，与群众拉嗑(东北人称拉家常话叫拉嗑)。时间不长，不论是姑娘、媳妇还是大娘都喜欢她。如果不是她偶尔露出一两句四川口音，人们以为她就是当地人。

赵一曼一面熟悉、习惯当地的生活，一面宣传抗日的道理，很快把抗日妇女会组织起来，领导她们为抗联做军衣、军鞋。抗联来到所辖地区后，组织群众为抗联站岗放哨，筹粮筹款，让他们好好休整，补充。她还和李兆麟一起，大力协助珠河根据地发展文化教育事业。先后在蜜蜂园子(属珠河县)、老五区和双城九区板子房南沟开办了一所小学和两所贫民学校，吸收贫苦农民子女入学，学习文化和抗日道理。李兆麟、赵一曼等还曾到校视察，给学生们上政治课和教唱抗日歌曲，深受学生和家长好评。

小贴士

抗联：全称是东北抗日联军。它是中国共产党领导下的一支英雄部队，同时也是中国人民解放军前身之一。它的前身是东北抗日义勇军余部、东北反日游击队和东北国民革命军 。在日本侵略者的大后方，他们 14 年的艰苦斗争牵制了数十万日伪正规军，有力地支援了全国的抗日战争。他们可歌可泣、英勇无畏的牺牲精神，是中华民族争取独立、宁死不屈精神的集中体现。

赵一曼的肺病没有根治，天气不好的时候气喘、咳嗽。为了工作，她一直挺着。加上胃口不好，工作忙碌，身体瘦弱。赵一曼刚来珠河时的化名是李映辉，县委还有其他几个姓李的妇女干部，大家根据她们身体特征的差别分为胖李、瘦李、黑李、白李、短发李、大辫子李等等。因赵一曼清瘦，大家就亲切而关心地叫她“瘦李”。

东北抗日联军女战士的照片，赵一曼当时也是这样的装束

赵一曼关心依靠群众，群众也千方百计地掩护她，所以赵一曼能在敌人的包围中，多次化险为夷。一次，她与妇女会长梁大娘去北沟，途中遇见了敌人。赵一曼为防止讲话时露出南方口音，就装起哑巴。她把眼睛瞪得直直的，装出愣愣怔怔的样子。敌人盘问她，梁大娘指着她对伪军说：“这是我的哑巴闺女，领她走亲戚……”就这样把敌人骗过去了。

农民会、妇女会、儿童团建立起来了，还成立了青年义勇军、模范队。可是缺少武器，装备除了几杆猎枪，就是扎枪（也叫“梭镖”、“红缨枪”）、大刀、棍棒。年轻人纷纷要求赵一曼给他们发枪。赵一曼笑着说：“我们当然不能赤手空拳与日本人对阵,我们要武装起来,拿起刀枪才能抗日救国,我们要想办法从敌人手里夺枪!”

经过周密访问调查,赵一曼请求组织以武装的群众配合抗联捣毁帽儿山伪军哨所,夺取武器。

帽儿山车站附近公路沿线驻有两个伪军哨所,相距有8里地,驻守的伪保安队是由交通警察与投敌的旧军队改编的。其中帽儿山以东的哨所由一个叫张大疤的带领,20多人。帽儿山以西有10多人,也归张大疤管。这张大疤是胡子(东北人称土匪叫胡子)出身,抢劫抽白面,从不干正事。日本人让张大疤驻守这里,维护这一带的“治安”,对付抗联。有日本人撑腰,张大疤时不时带着一帮伪军到四乡八村要粮要款,搞得鸡犬不宁。

赵一曼决定收拾张大疤,一是打击日伪的嚣张气焰,发动群众,二是通过此仗锻炼部队,提高抗联的声望。为此,赵一曼曾多次伪装拾柴、捡蘑菇,亲自到哨所附近查看地形,侦察敌情。一天,从哈尔滨来了3个日本人到哨所视察,张大疤又是抓鸡、杀羊,又是让下边的人送东西,忙于招待。

张大疤所在的哨所是一溜平房,最里边是张大疤的指挥部,中间是伙房,外边靠近大门是伪军的宿舍。据点外矮墙环绕,矮墙上有铁丝网,矮墙外有壕沟,当时还未解冻，有利于攻击战斗。

赵一曼指挥抗联正规军带领一部与农民自卫队对帽儿山西的哨所警戒，剪断电话线，并防止增援，以大部歼灭张大疤哨所。具体部署是以抗联部队从正面进攻，四周由抗联正规军一部与农民自卫队形成包围，力求全歼。

东北抗日联军的旗帜

1935年3月末的东北，河刚解冻，寒气未消，孟春日短，云低天暗。与往常一样，伪军吃了晚饭，猫在屋内打牌、嬉闹，张大疤在指挥部里陪着日本人喝酒。据点的两个哨兵端着枪站在岗亭里站哨。这时，有两个人抬着一筐东西向岗亭走来。哨兵大声问："干什么的？"抬东西的人回答："给长官送东西的。"一面回答，一面向岗亭走来。因为经常有向张大疤"进贡"、送东西，哨兵习以为常，没有阻止。来人靠近岗亭，哨兵掀开抬筐的盖布检查，一阵香味扑面而来，只见卤好的烧鸡、猪肉等鲜红油亮，满满一筐，哨兵垂涎欲滴，拿起就啃。一面吃，一面问："今天怎么送这么多?""你不知道吗？你们这里来了日本视察官，通知让我们做好送来慰劳的。""看来没有老子的了?""少了谁的，也少不了你俩的，你先拿。"就在两个哨兵低头拿的时候，只见两个来人，一人飞快掏出匕首将一哨兵刺倒，另一人抽出抬筐的木杠，一杠将其撂倒。这一杠虽重，但没有打中要害，只听他"啊"的一声。这时，正好有一伪军在厕所方便，听到叫声马上喊了起来："抗联来了!"这一喊不要紧，据点里顿时炸了窝，伪军一面叫喊，一面急忙拿枪。两个抗联战士迅速捡起哨兵的枪，占领了哨所，堵住了大门。

就在两位抗联战士与伪哨兵周旋、收拾他们的时候，赵一曼指挥抗联与农民自卫队包围了据点，并越过据点外结冰的壕沟，占领了伪军住房正面的矮墙。张大疤听到叫声，嘴里骂咧咧："妈拉个巴子，怎么回事!"提着枪向外走。这时，抗联战士早已瞄准了大门。一露头，迎头就是一枪，张大疤像一根木桩倒在门前。3个日本人见张大疤出门就死，哇哇乱叫，谁也不敢露头，在房内胡乱打枪，负隅顽抗。这边的伪军也被抗联战士封住了房门，看到张大疤的下场，谁出门谁死，都不敢妄动。赵一曼指挥两个抗联战士拿着早已准备的汽油瓶，将靠近指挥部的柈子(东北冬季烧火劈的木材)堆点着，大火迅速燃起，风涨火势，马上烧上房顶。3 个日本人开始还喊叫，不久就没有声音了——烧死了。大火噼噼啪啪地烧着，赵一曼对伪军喊话："日本人是侵略者，张大疤罪孽深重，他们都死了！你们都是受蒙蔽的，咱们中国人不打中国人，你们一个个举着手出来，将枪放在地上，到据点外集合。哪一个不老实，就打死谁！"

伪军觉得反抗被打死，不投降也被烧死，只有投降一条路，一个个走出来，将枪放在地上。赵一曼让人将伪军集中起来对他们进行教育，愿意留下参加抗联抗日的欢迎，不愿意留下的，将枪留下回家。张大疤的这个据点不到两个小时就给赵一曼解决了。

在帽儿山以西哨所里的伪军隐隐约约听到东边的枪声，知道出事了，但打电话不通，摸不清情况。黑更半夜，慑于抗联的打击，谁也不敢出门，像热锅上的蚂蚁熬着长夜，准备等到天亮，再派人看个究竟。

天刚刚亮，哨所前来了两个人，影影绰绰像女人。哨兵问："什么人？站住！"一人回答："我是王长顺的姑姑，来找他的"。"找他干什么？""他妈夜里发病了，快不行了。”王长顺是据点里的伪保安员，回答的正是他的姑姑，与她一起来的是赵一曼。“你是她什么人?”哨兵见赵一曼低着头，不讲话，就有意问。“是我侄女，陪我的。”哨兵见赵一曼还不搭理他，问：“你是她侄女吗?”“怎么不是，她是哑巴。”“那进去吧，说完话赶快离开。”“王长顺，你姑找你!”哨兵又喊了一声。

没等王长顺走出来，赵一曼快步走进伪军的宿舍里。里面的伪军有的坐，有的卧，心神不安，东倒西歪，见来了两个人，而且是女的，有点吃惊，突然站立起来。赵一曼眼睛扫了一下，讲话了：“东边的张大疤与三个日本人昨晚被抗联打死了，你们知道不?”“啊!”伪军们非常吃惊。“现在你们也被抗联包围了!”伪军们个个目瞪口呆。“你是干什么的？在这里胡说八道!”一个像头目的伪军说着说着就掏枪。就在这时，王长顺等人把他的手按住了：“你这是干什么，听她讲完，不能因为你而让我们都倒霉。”这时外面响了几枪，这是赵一曼事先布置好的，是在为她对伪军讲话时助威的。赵一曼继续讲：“我就是抗联的！日本侵略东北后，杀人放火，无恶不作，白山黑水都变了颜色。咱们都是中国人，不能帮助侵略者祸害自己人！我们抗联、义勇军前赴后继与日军打，就是为了救中国。咱们中国人要团结抗战，把日本侵略者赶出中国去！”“日本人这么强，谁能打过它？”伪军头目看着赵一曼说。“关键是咱们要团结起来，首先就是咱们中国人不打中国人！兄弟一心，其利断金。跟着日本人打咱中国的自己人，是伤天害理，也是伤国害理、伤家害理、伤人害理，是没有好下场的。”伪军听了赵一曼的讲话与枪声，个个都蔫了。赵一曼继续说：“我前不久从哈尔滨来，这个美丽的城市被日本人占领之后，变得乱七八糟。日本人刚进哈尔滨的时候，白俄（十月革命后，对流亡在中国的俄罗斯人的称谓）以为日本人来了会给他们带来什么好处，还举着小旗子欢迎他们。可日本人来到后，原来在哈尔滨的日本流氓、小偷、买毒品的，都成了主人。白俄的女人被日本人霸占了，商店的东西被抢了。他们后悔极了，现在连国际联盟都谴责日本的侵略行径，你们想想还能跟着日本人跑吗？”说完，赵一曼看了伪军小头目一眼。这时，抗联战士冲进伪军房内，站在赵一曼后面。“不能再干了，散伙吧！”一个伪军讲了一句。赵一曼接着说：“对，你们将枪放下。愿意跟着抗联打鬼子的，我们欢迎；不愿意留下的，可以回家做营生，过日子。千万不能当汉奸。”伪军们老老实实将枪交出来，有的参加了抗联，有的回家。

小贴士

经验总结：赵一曼指挥抗联与民众解决帽儿山敌据点的经验有三点：一是打有准备之仗，事前做了周密的侦察与部署；二是紧紧依靠当地民众，军民结合；三是有效的政治宣传，从精神上瓦解敌军。

这样，2 个伪军哨所，30 多个伪军加上 3 个日本人，只放了几枪，一晚上就让赵一曼指挥的抗联与农民武装解决了，一下就增加了近 30 支枪，壮大了队伍。这一下，抗联出名了，赵一曼独身闯敌营的事更是让人们佩服得不得了。他们讲三国时诸葛亮阵前骂死王朗，赵一曼一番演讲能让伪军缴枪投降，共产党、抗联里真有能人！

日本人万万没想到在一夜之间，两个哨所就给端掉了，给日军很大的威慑和震撼。他们一时半会又摸不清抗联与农民武装的情况，不敢轻易行动。这批武器不仅将农民会的会员装备上了，投降的伪军还壮大了抗联队伍。

由于珠河游击队和哈东支队不断发展壮大，已成为北满抗日斗争的核心力量。1935 年 1 月 28 日，根据中共满洲省委的指示，哈东支队吸收地方青年反日义勇军中的骨干力量，在珠河三股流正式成立东北人民革命军第三军。全军共500余人，赵尚志任军长兼第一师师长，冯群（即冯仲云）任政治部主任。李兆麟任一师二团政治部主任（此职在不久后就由赵一曼接任），与团长李熙山（即许亨植）一起率200余名战士在珠河铁道北五区、延寿西部二三区和宾县、阿城一带积极活动。这时的赵一曼头戴兔皮帽，身穿短皮衣，腰挎匣子枪，英姿飒爽。她有点洁癖，皮肤白皙，给人冰清玉洁之感，无论穿什么衣服，都是干干净净，清清爽爽。

部队壮大了，最急需的是枪支弹药。为此，赵一曼费了不少心思。一天，上级党组织告诉她，珠河县城的党组

东北抗日联军的臂章

织从伪军手里买的十几支手枪和一些子弹，让赵一曼想办法运出来。

敌人盘查得严，进出珠河城日伪军都要检查，枪支弹药无法运出。赵一曼想了个办法，她冒着生命危险，带着一个胆大心细姓沙的姑娘，化装进城。她和沙姑娘用油纸、油布把枪支里三层外三层地包了个严严实实，然后找来一辆大粪车，把包扎好的枪支弹药装进粪箱，再灌进粪水，盖好箱盖。两个人坐在粪车上。来到城门前，日伪军嫌车子不干净，气味难闻，大老远就把鼻子捂住，连看都不看一眼，挥挥手，赶紧叫车子走开。她们顺利地通过了关卡哨所，回到了山里，将枪支弹药完好无损地交给游击队，顺利地完成了运枪支弹药出城的任务。

有了武器，抗联与日军的战斗规模开始越来越大。有一次，一支抗联队伍遭遇鬼子袭击，被山头的强大火力压制在一片洼地里，支队派人突围向赵一曼求援。当时，所有的人都主张直接攻击敌人阵地，为部队解围。但赵一曼考虑到，这样要仰攻阵地，敌人拥有重武器，且占据有利地形，如果发起冲击，可能解不了围，反而遭受损失。当天正值大雾，山上的日军也不敢下山，只是用重火力封闭了洼地的出口。赵一曼认为，经过一段时间的战斗，日军的弹药消耗很大，食品、物资也要供应。于是采取围魏救赵的方法，伏击敌人辎重运输部队。赵一曼在日军的必经之地选择有利地形，埋伏部队。果然，一支辎重运输队急匆匆赶来，撞进赵一曼布置的伏击圈，结果全部被歼。山上日军听到后面枪响，军心大乱，被压在洼地里的部队趁机反攻，成功突围。这一仗，不仅救被围部队于危急，予日军以打击，而且得到大批弹药、粮秣。

1935 年春，县委决定派赵一曼任铁北区委书记。她深入到滨绥铁道北侯林乡一带，积极发动群众进行抗日斗争，在侯林乡组织起一支农民自卫队。她指挥这支队伍，在关门嘴伏击了前来围剿的日军，获得了胜利。

关门嘴是敌人“围剿”抗联的必经之地，地势险要。赵一曼根据地形、敌情，决定在这里伏击日军。她带领自卫队在树丛和乱石中埋伏，她让有作战经验者在前，新参战者由抗联老战士带领在后，并宣布了战场纪律。埋伏的自卫队员虽是第一次参战，却都精神饱满。不久，日军走进伏击圈，一个挎洋刀的鬼子军官骑停了下来，在马上不住地东张西望，似乎发现了什么。埋伏的战士焦急地望着赵一曼，好像讲：“怎么办?”她认为战士们的埋伏与隐蔽都没有什么问题，鬼子指挥官只是对这里的地形有疑虑，队伍并没有停下、散开。赵一曼以手势告诉：注意隐蔽，沉住气。果然，日军随即继续前进。赵一曼悄悄对身边机枪手说："擒贼先擒王，要先瞄准前头那个挎洋刀的指挥官，听我的命令，再开枪！"

敌人越来越近，都能看清敌人五官了，歼敌非常有把握。赵一曼一声令下："打！"机枪首先开火，只见那个日本军官一声惨叫，滚下马来，其他的鬼子或应声倒地，或狼狈逃窜。

这场伏击战，消灭了 20 多个鬼子兵，自卫队大获全胜。赵一曼带着队伍凯旋而归，自卫队员们扛着刚缴来的大盖枪，一个个乐得合不上嘴。

这支农民自卫队越战越强，后来改编成地方游击连，有时还配合抗联的正规部队作战。一九三五年七八月间，日军调动了大批日伪军对珠河游击根据地进行空前

在冰天雪地中与日军作战的东北抗日联军

的“大讨伐”。在这种情况下，珠河中心县委于 9 月 10 日召开会议，做出了《目前哈东政治形势与我们任务的决议》，决定由赵尚志率领第三军主力离开珠河，去松花江下游汤原等地开辟新的游击区，同时留下部分队伍在珠河游击根据地坚持斗争。据此，第三军二团大部随主力去汤原，其余部吸收珠河五区模范队、青年义勇军统编成新二团留守游击根据地。赵一曼以县委特派员、铁北区委书记的身份兼任新二团政治委员。在反“讨伐”斗争中，她和团长王惠同率领的新二团在珠河游击地与敌军进行了多次血战，牵制了敌人的大批兵力。

一次，赵尚志率领的第三军第三团在侯林乡活动，突然被敌人两个团的兵力围困，激战了一天一夜。虽然击退了敌人的多次进攻，可是敌人援军不断，频频发起进攻。战场形势对我方十分不利。

这时，赵尚志突然听到敌人后方响起了枪声。原来，赵一曼得知三团被围，便指挥自卫队杀过来了。她探知了敌人指挥部的所在地，对自卫队员们说：“这一次，还要擒贼先擒王，去打他们的指挥部，为三团解围！”在她的指挥下，队伍直奔敌人的指挥部，打得突然，打得集中，杀声震天。敌人不知道有多少抗日队伍，慌了手脚，狼狈逃窜。三团之围被解了，自卫队俘虏了一批敌人，又缴获了一批武器。

赵一曼受过良好的军事训练，经过长期革命斗争的锻炼，能文又能武，胆量过人，足智多谋，指挥有方，又有一手好枪法。关门嘴伏击战和侯林乡突围解困之战，使敌人闻风丧胆，惊恐地称她为“手持双枪，红装白马的密林之王”。

赵一曼刚来抗联的时候，军长赵尚志专门向赵一曼所在的师、团特别交代：赵一曼是经过革命斗争考验的同志，在黄埔军校武汉分校与莫斯科中山大学学习过，学识与斗争经验十分丰富，你们要在生活上关心她，在工作上支持她。

赵一曼到抗联第三军二团以后，无论是行军打仗，还是

东北抗日联军的骑兵部队

群众工作，都是以身作则，与官兵同甘苦。一次，部队缺粮吃野菜，炊事员给赵一曼做了一碗高粱米饭，赵一曼端起来就让人送给伤病员。经过一段时间的工作，部队上下团结，仗打胜了，群众发动起来了。赵尚志在一次会议上讲：看来咱们抗联光有男人不行，天总是缺一块，赵一曼来了，部队就稳定多了，事情就齐整了，工作顺利了。他还称赞赵一曼是“千斤顶”，无论是政治工作、军事斗争，还是群众工作，无论是文是武，只要赵一曼顶上去就成。

小贴士

千斤（金）顶：大自然造人仿佛照顾到了男人与女人的孔武与柔弱、粗犷与细腻的互补，东北抗联基本上是男人的世界，赵一曼以她女人的性格与特有的军政素质弥补了不足。赵尚志称赵一曼是“千斤顶”，也是“千金顶”。千金，女人之谓也。

有人问赵尚志：“军长，赵一曼是不是你的妹妹呀？”赵尚志笑着反问：“我这个妹妹怎么样？她不是我的妹妹，她应是我的姐姐。你们不是称呼她李姐吗？我也是叫她'李姐'。"在中国传统家庭中，姐姐是仅次于母亲的女性，在人们的心目中，叫妹妹带有亲切感，叫姐姐不仅有亲切感，还带有尊敬的意思。"李姐"表示人们对赵一曼的尊敬，赵尚志叫赵一曼"李姐"表示对她工作上的肯定与赞扬。

赵尚志

赵尚志由于忙于行军打仗，有时几天不洗脸，头发长得好长，没有时间理。一天，他来到赵一曼的团部，赵一曼打来一盆热水，一面把热毛巾递给赵尚志让他擦擦脸，一面叫来理发员给他理发，对他讲："工作再忙，也要洗脸，将自己收拾好。"赵尚志说："国家不在，还要脸？国破家亡，咱作为一个中国人哪还有颜面！哪一天将日本鬼子打败了，那时我们再把自己打扮得漂漂亮亮，风风光光。"他看了看赵一曼说："你看你，瘦得脸上只剩两只眼睛了，难怪群众都叫你'瘦李'。"赵一曼说："我瘦不要紧，但愿天下肥。"两个革命者所处职位不同，都在为革命尽力，为民族解放心心相印。

日寇调动大批兵力对珠河游击区进行疯狂的反扑“围剿”。赵一曼一边组织群众防范，一边带着自卫队四处转战，没日没夜。由于劳累，她肺病复发，又一次吐血。这时，脖子上又长了一个大包，直到溃烂，疼得她抬不起头来，立刻被送进东北人民革命军第三军的流动医院治疗。由于躲避敌人的进攻“扫荡”，医院经常转移，没有固定的地点。赵一曼到了医院，看到医院里有十几个伤病员，医生、护士却只各有一个，护理的任务特别繁重。她忘记了疼痛，主动担负起护理工作，给伤病员洗头、洗衣服、缝补衣服、换药、做饭，有时还给他们上政治辅导课，分析时局政策，教唱抗日革命歌曲，活跃伤病员的生活，甚至帮助站岗放哨。

一次，医院刚刚转移到一个屯子，敌人的搜查队伍就过来了，转移已经来不及了。眼看敌人就要逼近了，大家急得不知怎么办才好。赵一曼发现屯子旁边有一大片刚收割的大豆，还一排一排地堆放在垅台上。她立即叫伤病员藏在“大豆铺子”里，她和医生各拿一支枪隐蔽在伤病员的前面。如果被发现，就和敌人拼个你死我活。医生刚刚背过伤员，还未喘过气来，浑身发抖，弄得大豆铺子沙沙响。赵一曼按住他，提醒他别动。敌人搜了一会儿，没有找到伤病员，气急败坏把屯子烧了。等敌人走远了，伤病员们才从大豆铺子里钻出来，他们对赵一曼的机智勇敢非常佩服。

又一次，由于叛徒告密，敌人突然搜索流动医院所在的四方顶子和苇塘沟一带。那天晚上，赵一曼回到住的地方倒头便睡。突然，村外传来了激烈的枪声。房东大嫂急忙推醒赵一曼，急促地说："鬼子快进屯子了，你赶快往北面山上跑吧！"赵一曼听到村外的枪声越来越近，她来不及想什么，连忙把文件塞到炕洞里烧掉，转身向房东大嫂指的方向跑去。刚跑到村口，她忽然想起住在村东头的区委宣传部部长周伯学还没跑出来。他是个近视眼，行动迟缓些，不知他能否转移。于是她又跑回村子，来到周伯学的住处，拼命敲门。门没叫开，反而招来了两个伪军。伪军端着枪走到她身边，问道："你是哪家的？快说！村里谁家有抗联的伤病员？"赵一曼一副北方农村妇女打扮，很镇定，平静地答道："不知道！"敌人把她团团围住，用枪托砸她。她的假发髻不慎被敌人打掉了，敌人随即将她抓起来。在拘押审讯时，赵一曼对伪军连长进行抗日宣传，她说："你做事要想着你是中国人，我做伪装是为了抗日，打击侵略者，现在你将我抓起来了，你杀我可以，但不能让日本人杀我。你要明白你杀我是为虎作伥，是做日本侵略者的帮凶。你想想，你能对得起你的中国心吗?”伪军连长原为东北军黑龙江部队程志远的部下,日军进攻黑龙江后,程志远率部投敌,该连长对此不满,但又没决心反正。见赵一曼大义凛然,启发了他的民族觉悟,私下对部下说:“这个女人不是一般的人,说的话句句能刺痛你的心,有机会将她放了。”后经商会担保,将赵一曼交给与中共地下党有关系的乌吉密商会。这样,赵一曼又回到了游击队。

游击队的生活特别清苦。别说细粮,连粗粮都很不容易得到。一次,在袭击日寇的战斗结束后,通讯员送给赵一曼一只粗瓷大碗,因为赵一曼早就把一个有柄的洋瓷缸送给了新战士。开饭时,通讯员用这只碗给赵一曼盛了满满高粱米饭,心想:这下赵政委可以吃顿饱饭了。大家多少个月来,都是吃野菜、挖草根,甚至摘橡树籽压成面来充饥。团长、政委和战士一样,也是嘴边好长时间没沾过粮食了。

赵一曼用过的瓷碗

赵一曼看着这满满碗饭，不禁为同志们的友爱感动，但看到满脸菜色的战友们，她怎么能吃得下去？趁人不注意，她端着碗轻轻地走进炊事棚，把饭又倒回锅里，盛起半碗野菜粥。炊事员老李看到后，没有吭声，他们太了解赵政委了，她从来都是与战士一样……

第二天开饭时，赵一曼没有碗了，急得通讯员直叫："我说我的政委同志呀！给你一百个碗也架不住你这么丢呀！"原来赵一曼一到开饭时看到没有碗的战士，她就将自己的碗给了他们，通讯员只得再给赵一曼找碗吃饭。赵一曼笑着对通讯员低声说："战士们行军打仗很辛苦，他们有饭碗、能吃饱我就高兴，我吃饭的事好解决。"她一语双关地说："革命的饭碗一辈子也丢不了，只要我们打胜仗，把日本侵略者赶出中国去，我们有饭碗，全国人民都有饭碗！"赵一曼这只粗瓷大饭碗是她从哈尔滨来珠河前为了斗争的需要特意买的。来到珠河后，抗联战士们用它打饭、盛菜，成了公用物品了。这只粗瓷大碗现陈列于东北烈士纪念馆，为国家一级文物，是我军历史上最珍贵的文物之一。

第八章　林海血战被俘不屈

东北的抗日烽火连天，形势发展很快，令日伪当局惶恐不安，他们纠集了大量兵力“讨伐”游击区。为此，成立了伪滨江省“治安指挥班”，并在珠河、苇河两个县成立“治安工作队”。警务厅长涩谷三郎亲赴珠河、苇河视察“治安工作”，欲将新编的二、三团和地方党组织彻底消灭。

面对敌强我弱的形势，东北抗日联军不得不转入深山老林。北国的十月，已是天寒地冻。森林里平时到处乱窜的野猪、狍子、黑熊也躲进了树洞。莽莽苍苍的森林中仍在活动的，只有抗日联军的战士们。因日寇进行封锁，抗日联军与群众的联系被切断，得不到粮食，即使在严寒的冬天，大家也穿不上棉衣。战士们有的只围一张熊皮，有的披着兔皮和猫皮连缀成的大衣。裤脚破了，就裹上树皮，再缠几道草绳。粮食吃光了，战士们就四处挖草根、树皮。冬天，连野菜茬都没有，偶尔打到狍子、野兔之类，就架在火上烧烤。打不到野兽，就把皮带和靴子煮了吃。除了指挥部以外，再没有几顶帐篷了。行军到哪里，都是篝火露营，或者白天休息，夜晚活动。

东北抗日联军在林海雪原中的宿营地

团长王惠同和政委赵一曼率领的第二团，依然活动在珠河黑龙宫、帽儿山、关门嘴子一带。那时候，抗日根据地没有向普通老百姓征粮征税。队伍需要钱粮，完全靠“打土豪”与“吃大户”来获得。

为了迷惑敌人，二团在密林里经常转移营地。凛冽的寒风扑打着，许多人的脸和手脚都冻得红肿开裂了，一条条口子里，凝结着紫痕。但人们一看到赵一曼手握盒子枪走在前面，心里就像燃起一团团烈火，精神马上抖擞了起来。

1935 年 11 月 14 日，部队来到一个叫左撇子沟的地方。这里本来也是抗日根据地，但在日伪军的“讨伐”下，哈东地区撤村并屯，沟沟起火，村村遭劫，日军有意切断抗联与老百姓的联系。当赵一曼带领部队到来时，这里只剩下一片瓦砾，没有一间完整的房屋。混在老百姓里的一个汉奸，叫朱景才，一见“发财”的机会来了，就悄悄溜出村子，连夜向敌军告了密。

第二天一大早，日军横山炮兵一部、岗田正木部队与吉田部队一部及伪警察部队第三中队共 500 余人，分别从乌吉密、一面坡、梨树镇及珠河县城向二团驻守的左撇子沟围进。而赵一曼和王惠同只带了 150 多名战士，双方力量悬殊。

上午十时左右，二团在铁道北春秋岭被敌人包围。赵一曼和王惠同随即指挥部队抢占南山有利地形，与敌人血战。二团人少，弹药不足，但在王惠同、赵一曼的指挥下英勇顽强，持续六个多小时，打退了敌人一次又一次进攻，击毙横山部队机关枪队队长古谷清一大尉、小队长芹泽、特务曹长户一等日伪军 30 多人。终因敌我力量悬殊，二团损失惨重。

因夜幕降临，敌人暂时停止了进攻，赵一曼和王惠同带领部队露宿在左撇子沟白雪茫茫的山林中。他们在一个避风的地方，点起了五六堆篝火。赵一曼和王惠同商议，决定趁黑夜带余部突围。赵一曼看了看众多的伤员，心里十分难过，要带着这么多伤员一起突围实在太困难了。她考虑了一下，坚定地对团长说："给我留下一个班，我负责掩护，你带领部队和伤员突围！"王惠同说："那怎么行？不能把你留下，你是女同志，我来掩护！"赵一曼严肃地说："团长，咱们没有时间争论了，什么男的女的，谁说女的就不能打掩护？你的责任是把部队带出去，任务更重，责任更大，快走吧！"

王惠同清楚赵一曼的脾气，她若犟起来，是谁也不让的。他只好转身带领部队向西北方向冲去。

赵一曼将留下的十几个战士召集起来，分别布置好了掩护的任务。然后和战士们在山头上燃起一堆堆篝火，把敌人吸引到自己这边来。熊熊烧的篝火迷惑了敌人，他们分不清游击队的虚实。

敌人再次向山头发动了猛烈的进攻。手榴弹爆炸的声音此起彼伏，子弹也像雨点一样呼啸着飞了过来。赵一曼带领战士们向敌人猛烈地还击。英勇的战士们一个个倒下了，最后只剩下了四个人。这时，赵一曼突然感到自己的肩膀一麻。她知道这是负了伤，于是忍着痛隐蔽在很深的荒草雪坑里。搜山的敌人从她旁边经过，她屏

与日军进行激战的东北抗日联军

住呼吸，握着一颗手榴弹，准备和敌人同归于尽，但敌人没有发现她。

敌人撤走了，赵一曼包扎了伤口，忍痛从雪坑里爬出来，遇到了其他三人：一直跟随她的女战士杨桂兰、铁北区委宣传部长周伯学与交通员刘福山。深夜，伸手不见五指，他们来到了春秋屯的一户进步老百姓家里。为防备敌人搜查，趁天不亮，又由刘福山带着他们悄悄转移到侯林乡西北沟一个坚决抗日、拥护抗联的住户老于家的小仓子（窝棚）里隐蔽养伤。

这时赵一曼才知道，团长王惠同突围时身负重伤，弹尽被捕，全团只突围出十几人。1935 年 11 月 18 日，日伪

《大同报》以《一面坡友军大激战，讨伐共匪百五十名》为题刊登了重要消息，其他各日伪报纸也纷纷转载。几天后，日伪军把审讯时骂不绝口、怎么也不招供的王惠同押回左撇子沟，在村子前面的空地中间放一张桌子，上面摆着在左撇子沟被二团击毙的日本大佐的灵牌。敌人要用他的生命来祭灵。王惠同被推到刚刚挖好的土坑前，壮烈牺牲。

日伪军还在搜山，他们猜想很可能还有被打散的游击队战士埋伏在山里。赵一曼和几个同志就在老于的窝棚里住了几天。赵一曼的伤口眼看着好转。一天，老于想化雪烧水给她喝，没想到升起的炊烟被假装上山打柴的一个汉奸发现了，汉奸赶紧报告给了正在四处巡查的特务米振文。11 月 22 号，日军指挥官远间重太郎带着 30 多个日伪军悄悄包围了这个小窝棚。交通员刘福山正要出去，刚走出窝棚，一声枪响，他当场牺牲。

赵一曼发现情况立即拔出枪，与敌人开战。周伯学也拿起了枪，与赵一曼并肩作战。杨桂兰和老于则在一旁帮忙。打了半个多小时，敌人以为要不了多久，里面的人就会马上投降。他们想错了。打到最后，赵一曼他们的子弹打光了。老于冲了出去，想把敌人引开，可是没跑几步，敌人的子弹就打中了他，老于牺牲了。赵一曼刚冲出来，子弹就打在她的大腿上，她一头栽倒在了雪地上。敌人狞笑着一步步向赵一曼逼近。远间重太郎的战靴踏在赵一曼头前的雪地上，赵一曼抬起头，轻蔑地看了敌人一眼，然后昏了过去。远间重太郎惊奇地对旁边的一个汉奸说了一句："怎么是个女人？"

赵一曼伤势很重，血流不止，敌人抓来群众用梯子把她抬到徐家大院，又换乘牛车，把她与周伯学和杨桂兰押往珠河县城。这时才发现赵一曼的右腿被子弹贯穿，露出了骨头，她的肩头和右手腕也受了伤。血水染红了衣服，被寒风一吹，冻得硬邦邦的。牛车在山路上颠簸，赵一曼疼痛难忍。小杨紧紧搂着赵一曼，尽量减少赵一曼的痛苦。牛车进了县城，赵一曼从小杨怀里挣扎着坐起来，轻声对战士们说："同志们！我们是正义的，挺起胸脯，让老百姓看看咱们抗联战士是勇敢、坚强的！"于是她一路对街上围观的群众高喊"打倒日本帝国主义！""推翻伪满洲国！""抗日到底！""不当亡国奴！"的口号，进行宣传。

赵一曼被押到珠河县公署警务科，被关进阴冷、潮湿，充满恶臭味的牢房里。赵一曼叮嘱杨桂兰，敌人来审问时，就讲自己是本人临时找来侍候她的，敌人查不出实据就会放她出去。杨桂兰不同意，说不管怎么样都要跟她在一起。赵一曼说："傻丫头，不要做无谓的牺牲，如果你能活着出去，革命就多了一份力量啊！"

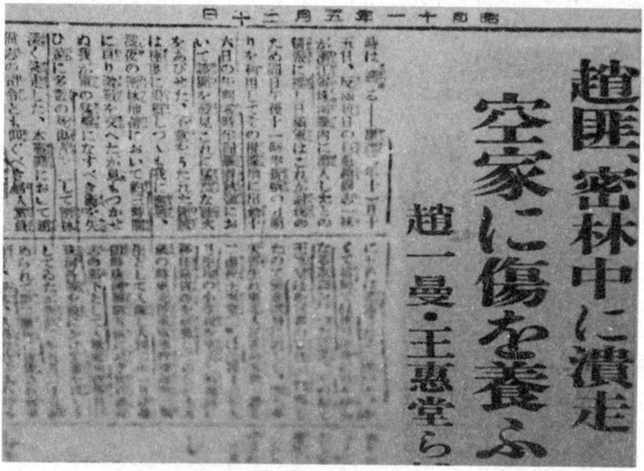
趙匪、密林中に潰走
空家に傷を養ふ
趙一曼・王惠堂ら

日伪报纸关于赵一曼作战被俘的报道

听说"讨伐队"抓住了几名抗联游击队员，伪滨江省警务厅特务科外事股长大野泰治专程从哈尔滨赶来。珠河县警察指挥官远间重太郎立即将赵一曼交给了大野泰治。他指着躺在车上的赵一曼，向大野泰治报告说："这个女人是在左撇子沟战斗后在搜查民宅里的抗联军人时被打伤的，由于是步枪贯通伤，伤口很大，流血过多，把她解往省城，路上有丧命的可能。"

赵一曼给大野泰治的第一印象是"这个妇女，穿着一件黑棉衣，腰下被血染着，脸伏在车台上，一个十八九岁的姑娘坐在她的身旁照料她。伤者头发散乱，大腿的裤管都被血灌满了，不断地往外渗流”。

大野泰治担心赵一曼马上死掉，得不到口供，从而失掉可能的情报，便急忙走到她的身旁，气急败坏地叫喊道："起来！"赵一曼从容地抬起头来看着他。看见赵一曼那坚毅的神情，大野泰治情不自禁地倒退了两三步。他们把赵一曼扔在高粱秆上，问她叫什么名字，做什么工作。

赵一曼坦然地回答："我叫赵一曼，27岁，在妇女抗日会工作，家庭是个富户，本人受过中国女性的最高教育。"

大野泰治急着问关于赵尚志抗联部队的事情，赵一曼说："关于抗日联军的事，我不知道。"

大野泰治问赵一曼是不是共产党员，在党内是什么地位。赵一曼机智地回答说："我同共产党没有关系。"大野泰治问她："你为什么进行抗日活动？"一听这话，赵一曼一下子提高了声调，义正词严地说："我是中国人，日本侵略中国以来的罪恶行为，不是几句话就能说尽的。如果你是中国人，对于日军目前在珠河县的行动将怎样想呢？中国人反抗这样的日军难道还用得着解释吗？我们中国人除了抗战外，别无出路！你们日本人口蜜腹剑。"

大野泰治（新中国成立后关押在太原战犯监狱的照片）

接着，她就日本人宣称的“日本军是保卫中国不受他国侵略”、“日满一德一心”是“兄弟之邦”之类谎言做了一针见血的揭露。她所表露出来的激愤之情，看上去根本不像受了重伤。她的回答，连大野泰治也觉得有条有理。当翻译把她的话翻译给大野泰治听时，赵一曼紧盯着翻译的嘴，生怕他翻译得不全似的。翻译翻完了她又继续讲，滔滔不绝。大野泰治一时呆了，不知不觉成了宣传对象了。

大野泰治恼怒起来，不耐烦地说：“好啦，别扯这些闲话了，老老实实地回答我的问题就够了。”便阻止她再往下说，并用鞭子戳了一下赵一曼的伤口。只见她身子抖了一下，脸上流露出忍痛而愤怒的表情。这时候，杨桂兰跳起来护着赵一曼。大野泰治命令旁边的警士把杨桂兰拉出去。大野泰治狡猾地说：“看样子你有点发火了吧？我不是为了听你那套宣传来的，你不说，我也会让你说出来的。你就先把你共产党的身份说一说吧！”在大野泰治的威胁下，赵一曼仍从容地回答："我没有什么中共身份，强迫一个人说自己不知道的事情，未免太不讲理了吧！你说我是共产党员，你把证据拿出来！"赵一曼除了承认做妇女工作以外，其他什么也不说。大野泰治就用鞭子抽她的手，赵一曼干脆不再说话了。

大野泰治从赵一曼谈话的内容和态度上看，觉得她讲得有条有理，很有说服鼓动性，是一个了不起的人物。他对远间重太郎说："这下，我们可捉到一个了不起的人了！"远间问："是一个怎样的人啊？"大野泰治说："还不太清楚，但是从教育程度和讲话的态度上看，我觉得是个在中共里占有重要地位的人。"后者问："那么，她的性命会不会有危险？"大野泰治说："问题就在这里，对这样强硬的女人进行审讯可不是那么简单的事情，若是听凭她死掉，我们就立不了功啦。总之，得找一个高明的大夫来。"远间重太郎便吩咐手下去找医生。

大野泰治又来审讯赵一曼。还没等他张口，赵一曼就指着杨桂兰对他说："这个姑娘是我临时藏身的那户农民家的孩子，当时因为吓慌了，才同我一道往外跑，没有必要连累她，而且她的家里肯定在惦念她，你们把她放回去！"大野泰治不怀好意地冷笑着说："要是把这个姑娘放回去，谁来照顾你呢？你好好地回答问题，回答完了，我打算让你们一道回去。”赵一曼说：“这个姑娘与我不一样。”她坚持要求释放杨桂兰。大野泰治本想把杨桂兰关押到另外的地方去，但又考虑到在得到情报前，不能让赵一曼死掉，还需要让这个姑娘来看护她。“这件事要由我们来决定。”说着，他又凶残地用鞭梢挑了一下赵一曼的伤口。

大野泰治长期从事特务工作，他凭着这两天来审讯赵一曼的直观感觉，认为面前这个中国妇女绝不寻常，绝不是一般的女性。他决心不惜一切代价，也要搞清赵一曼的确切身份。

医生来了，大野泰治命令他：“这个女人，不管怎样也不能在这里死掉，必须把她解到哈尔滨去，希望你能尽一切力量保证她还能活 10 天。”

医生给赵一曼注射了两针樟脑液，检查完伤口后，对大野泰治摇摇头，说：“她流血太多了，非常虚弱，要保证她活命恐怕办不到。如果能度过今天和明天，那再看吧。”大野泰治说：“不管花多少钱，也要让她多活几天。总之，这是你的责任。有必要的话，从现在起到明天早晨，你就守在这儿给她治疗吧。”对大野泰治的强迫命令，医生脸上露出为难的神色，但他又不敢反抗，还是服从了。

第二天一早，大野泰治又要审讯赵一曼，士兵告诉他夜里一共给赵一曼打了三针药。

审讯中，大野泰治用了多种手法，进行了各种尝试，甚至不顾赵一曼的伤势，施加残酷的拷打，可是赵一曼一直没有改变态度，保持缄默。她在大野泰治发完兽性后对他说："你用拷打刑罚让我讲出我的行动与秘密，我告诉你，我们的抗日行动是正当的。还有你，不管你们抱着什么样的目的，给负伤的人治疗是正当的，可是对一个负有重伤的人用刑不能说是正当的吧！你们日本人这样对待我，这样杀害我们的同胞，而且是难于计数的，是天理难容的！"赵一曼的每一句话都像子弹射向大野泰治，让其无言可对。他疯狂地吼叫着："别说了，你再讲，我要割掉你的舌头！"他心里想，对这个女人用刑是没有用处，也得不到什么的，不如先从其他人那里来调查她的行动。于是决定把当时县公署拘押的20多个人提出来审问。

为了审问到所需要的东西，大野泰治又增加了四五个士兵和翻译。从早到晚，他不择手段地施用毒刑，但是这些人都说不知道。大野泰治对翻译说："她的工作做得可真彻底呀，怎么会连一个人也不了解她呢？把那个胆小鬼提来，再试试看。"于是他们把一个30多岁的矮个子农民提来，进行第二次刑讯。大野泰治命令士兵把他捆在门板上，给他灌凉水。凉水把他的肚子撑得鼓鼓的。然后又往他的肚子上浇凉水，还用破烂布抽他的嘴。在重刑下，那个农民讲了赵一曼的一些情况，说："她经常从这个屯子到那个屯子，几乎是独来独往，走起路来飞快，比抗日军还快。她一来，屯子里的人立刻就集合起来，听她讲话，把他们组织起来，指导他们团结一致，进行抗击日军的斗争。比如，怎样侦查日本军的行动，怎样协助抗联军等等。然后，根据她的指导行动。"大野泰治又问："在押犯里还有什么人了解她？"经过再用重刑，指出一个人来。

大野泰治命人对那个提出来的人用重刑，经过几次拷问，那人供出："赵尚志部队的干部在我们的屯子里开过干部会议，我进去打开水，照料会场内外，看见赵一曼也出席了。看样子，她同赵尚志的地位一样。我看她在会上讲话时，干部都是听从的。"大野泰治听他说完又问还有什么，那人回答："别的我就不知道了。"大野泰治说："你以为把她说成是个了不起的人物就可以混过去了么？你这个家伙也太狡猾了。"大野泰治命令士兵给那个人灌凉水。那个人说："别灌了，我确实就知道这么多，如果要说的话，我看她是县委里有领导权力的人。"通过用刑，大野泰治从酷刑审讯的供录中，还不能确定哪些口供是可信的。虽然不能确定赵一曼是共产党县委里什么职务、具体干了什么，但是他认为赵一曼是一个以珠河为中心，把三万多农民坚固地组织起来的指导者。这一点是可以肯定无误的。

赵一曼被捕的第三天，从哈尔滨来了两名日本宪兵。他们来到县公署，对大野泰治说："听说你们逮到一个了不起的女人。"大野泰治就把他们带到赵一曼那里去。宪兵用生涩的中国话问赵一曼，她什么也没有回答，而是用愤怒的眼神瞪着他们。宪兵失望地看了一眼翻译，什么也没得到。

此时，赵一曼腿部的伤口开始溃烂，严重危及生命。为了得到更有价值的情报，大野泰治决定把赵一曼送到哈尔滨去。

大野泰治对赵一曼说："今天就到哈尔滨去。"赵一曼说："就是到哈尔滨，我也不想活下去！"她想了一会儿，说："在未走以前，你们将那个姑娘开释了，让她回家！叫她伴着我去哈尔滨可不行。不然，我就不去！"大野泰治已经领教了赵一曼的"固执"，只好把杨桂兰给放了。

杨桂兰并不愿意在这个时候离开赵一曼。这时，她才16岁。去年，她听了赵一曼激情澎湃的演讲后，便参加了抗联队伍，跟着赵一曼一起干革命。现在，政委落在敌人手里，伤势如此之重，她怎么能离开呢！杨桂兰噙着眼泪对赵一曼说："我不走！我留下来照顾你！"赵一曼说："不是跟你说了吗？多一个人活着出去，革命就多一份力量啊！”

赵一曼用手轻轻拂去杨桂兰脸上的泪水，说：“不许哭，一定要回去！”第二天，赵一曼被押上了火车。

对于如何处置赵一曼，大野泰治的盘算是把赵一曼送到哈尔滨，给她治好病，通过一些手段使她屈服，以后为日本侵略服务，作为破坏抗日组织的间谍。

远间重太郎与大野泰治看法不同，他说：“像这样的女人，想争取她过来当间谍，恐怕比登天还难。现在她如此顽固不化，还是杀了为好。”

大野泰治坚持自己的看法：“我就不相信她是铁打的，一点儿都不珍惜自己的青春和生命。再说了，如果我们方法用得妙，比杀几百个抗日军人的效果要大得多。”

远间重太郎提出疑问：“如何处置一个人，应该搞清楚她是一个什么样的人。我们已经用了两天的酷刑都无法撼动她，让她说出关于自己和抗联队伍的事，还想用她做间谍，可能吗？”

大野泰治认为远间重太郎说得有一定的道理，但还存一丝妄想，说：“我们就暂且不考虑杀不杀她的问题，先给她治伤，然后再做定夺吧。我就不信，我无法让一个女人低头。女人毕竟还是女人啊！”

就这样，赵一曼被送往了哈尔滨市立医院。

第九章　感天动地育英雄

刚到哈尔滨，大野泰治将赵一曼关押在伪滨江省警务厅地下室拘留所里。大野泰治与特高股长登乐松等人每天对赵一曼进行审讯，除了严刑拷打，也用软化的手段，叫人做来好饭好菜。赵一曼鄙视敌人残暴而又虚伪的伎俩，送来的饭菜，她把碗摔碎了。敌人的软硬兼施、威逼利诱对于她都没有用。

赵一曼伤势挺重，身上有几处枪伤，其中腿和手腕上的伤最重。另外还有被日本人严刑拷打时用烙铁烙伤大腿和臀部的伤，有被敌人用棉花蘸煤油烧出的伤，很深，隐约可见白骨。伤口恶化，高烧不退，生命垂危。敌人怕她马上死去，才决定送到哈尔滨市立医院去监视住院治疗。她被单独关押，外面由警察 24 小时轮流看守，每天上午被抬到处置室换药。开始时由日本医生处置，时间长了，日本医生嫌伤口有味，就让中国医生去换药。换药时，旁边总有宪兵看管。

敌人对赵一曼一面给予治疗，一面思考着怎样让她讲话。特务科长山浦公久、特高股长登乐松（日本宪兵将校出身）、特高股长警佐大黑一和大野泰治四个人绞尽脑汁商讨怎样处置赵一曼。

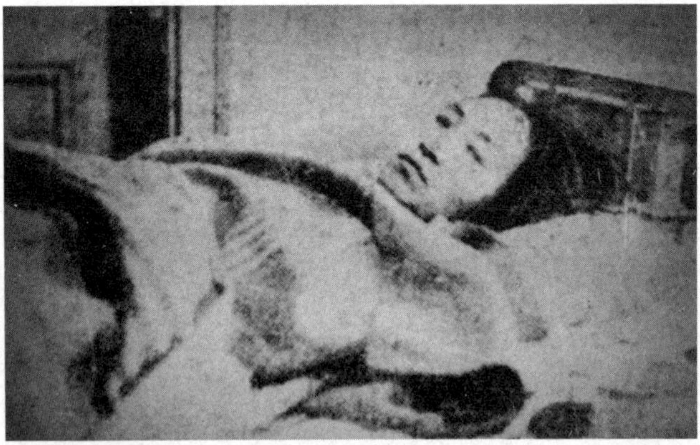

关押在医院里的赵一曼

经过日伪军的"大讨伐"后，哈尔滨东部的抗联游击队已经失去了根据地，抗联部队居无定所。为了对付日伪的"大讨伐"，抗联部队有个不成文的规定：派一个人下山筹粮或侦察消息，如果比他约定返回的时间晚了两个小时，人还没回来，那么部队就立刻转移。当时，赵一曼被俘的消息已经公布，跟她有关联的部队和人员不会继续留在原地。面对这种情况，日军也在考虑要不要按照原来的工作模式行动。他们认为恐怕连赵一曼自己也不知道部队开到哪里去了。所以特高股长登乐松说，赵一曼被捕了一个多星期，已经彻底失去了情报价值，还是杀了完事。

另几个日本人并不这么看，他们认为，赵一曼是一个女人，女人天生是弱者，只要使用酷刑和侮辱两个杀手锏，她是不可能熬住的。她的招供有没有情报价值是另一回事，但只要她招供了，就是大大的好事，因为她不仅是抗联部队的政治领导者，而且在哈尔滨地区的城乡百姓中也有很大的影响力和声望，不是盛传赵一曼是"赵尚志的妹子"么！大野泰治说："如果利用得妙，杀几百个抗日军人的效果还没有一个赵一曼叛变的效果大呢。"

经过商量并报批准后，对付赵一曼的办法是"押起来，给她治好伤，然后再进行下一步"。

大野泰治令人找来警务厅卫生科长、曾留学日本的大夫王亚良，把治疗赵一曼枪伤的事向他做了交代。由于伤势太重，王亚良感到很为难。大野泰治叫来白俄外科大夫，大夫说不施行手术是没有希望的，要把受伤的大腿锯掉。可是赵一曼坚决拒绝。她说，那还不如马上把她杀了好。大野泰治没有办法但不肯罢休，又同上述几人商量，决定把赵一曼送到市立医院的治疗室去，从哈尔滨警务厅派了几个警士到那里监视。大野泰治因为担负着监视的责任，几乎每天都要派外事股的翻译黄嘉时到病房去督查。

为赵一曼治伤的主治医师是一个具有高超医术与高尚医德的外科大夫张柏岩，人称“张一刀”。

张柏岩在给赵一曼治疗时，虽然不知道赵一曼的身份，但从她的意志与她的枪伤上猜到了赵一曼是抗日志士，是一个不平凡的人。出于敬仰，他对赵一曼进行了精心治疗，亲自动手为她打针换药，并要求提高饮食质量。他认真检查了赵一曼的伤势。赵一曼全身有三处枪伤：左手腕的贯通枪伤，已有些好转；左大腿是杀伤力很强的“七九”步枪子弹伤；大腿根部和膝盖两处为重伤。伤后20多天没有治疗，创面已溃烂化脓。X光片显示：大腿骨碎片散乱在肉里，共有二十四块。伤势极其严重。张柏岩对这位抗日女伤员的坚强、承受痛苦的能力深感敬佩。

经过治疗，赵一曼的伤腿保住了，但凶残的日军在治疗期间不时地审问赵一曼，并对她拷打。伤势好转的她被打得遍体鳞伤、不省人事。对此，张柏岩异常愤慨，他对大野泰治他们说：“叫我治就别打，要打就别叫我治。刚治好又打坏了，将来治不好谁负责？”之后，在他的保护下，在治疗期间，敌人没有再拷打赵一曼。

赵一曼在张柏岩的精心护理和治疗下，伤口奇迹般地恢复起来，已不再化脓。不久，在护士的搀扶下能下床走动了。

这期间，大野泰治向山浦公久特务科长提交了审问赵一曼的报告书，其内容详述了在珠河县的审讯情况，最后加上：赵一曼是中国共产党珠河县委员会委员，在共产党的工作上有与赵尚志同等的权力，因为她是北满中国共产党的重要干部，所以通过对该人的严厉审讯，有可能弄清中共与苏联的关系。大野泰治以警务厅长涩谷三郎的名义分别向伪满洲国政府治安部警务司长、哈尔滨日军特务机关长及宪兵队长、哈尔滨警察厅长、珠河县警务队长、滨江省警务指导官等做了通报。这个通报成为决定向赵一曼施行酷刑的主要根据。

敌人虽然不再对赵一曼进行审讯拷打，但经常前来试探和审问。对此，赵一曼总是利用这一机会来揭露日本侵略者的罪恶行径，用她在珠河亲眼看到的日寇烧掉无数老百姓的房子、杀害无数平民及妇女儿童的事实，质问敌人，好像被审问的不是她。这时双方都明白，审讯实质是意志的较量。赵一曼代表的是中国人在东北的抗战意志。当时，抗联还没有一个叛变的高级将领，日本人急需制造这样一个范例，而赵一曼又是一位女性，在他们眼里，女人是软弱的，是容易被打开缺口的。因此，这场严酷的审讯，真正的目的是让赵一曼投降，哪怕她在报纸上发个什么拥护“满洲国”的声明，都是日军的胜利。在他们看来，这是比在战场上消灭抗联部队更有价值的事，哪怕是几十个男人对付一个女人，只要她屈服了，也比消灭一部分抗联部队意义更大，因为一旦成功，将会对抗战军民的心理产生毁灭性的打击。

敌人无论怎样讯问，赵一曼就是不睬不理。一天，一个日军来审问，赵一曼拿起一张写好的纸扔给日本人，就将头扭到一边。来人将它交给大野泰治。大野泰治拿去让人翻译，问上面写的是些什么。翻译是个中国人，不好向大野泰治讲，便看了看，摇摇头，说：“我看不懂，保安科长是个很有学问的人，拿给他看一看吧！”大野泰治拿给当时的保安科长看，这人一看就问：“这是谁写的？能写出这样诗的人，可是个有主意、有学问的人呀！”大野泰治急不可耐地让他翻译：女人要与男人一样，为了中国人民的解放，立志抛弃了家，要不惜流血牺牲，将日本侵略者赶出东北，赶出中国。

这首诗就是赵一曼的著名诗作《滨江抒怀》：

誓志为国不为家，涉江渡海走天涯。
男儿岂是全都好，女子缘何分外差？
未惜头颅新故国，甘将热血沃中华。
白山黑水除敌寇，笑看旌旗红似花。

大野泰治举着赵一曼的诗抄说："写得太锋利啦，这人是个才女，是个奇女，是个烈女！要尽一切办法让她转过来！"

过了一段时间，大野泰治被调到长春检察警官事务所参加集训学习，将监视赵一曼的任务交给了特务科特高股长登乐松。

1936 年 4 月，为了便于审讯，赵一曼被转移到单人病房六号病房第二室，在这里她有机会与看守和护士单独相处。

日军的目的很明确，那就是隔离赵一曼与外界的一切联系，以便下一步进行严酷的强攻和软化。赵一曼也非常明白敌人的目的，同时她也看到了机会，这就给她提供了与看守的警察、护士单独相处的环境与机会。

长期的革命斗争，不仅练就了赵一曼坚强的意志，也成就了她的一双慧眼。她观察担任监视的三个警察，看可以将哪一个争取过来，为自己的生存与逃走做准备。

经过观察，赵一曼发现三个警察当中，一个叫董宪勋的年轻人很单纯、很正派，他因贫困才当警察，不是为了替敌人卖命。

董宪勋出身于山东肥城一个贫农家庭，为维持生计来到哈尔滨，1935 年经人介绍在伪邮政派出所当警察。

日本人规定警察不许和“女匪”说话，怕他们中了她的反日宣传，而董宪勋总是尽可能地与赵一曼说点话。这令赵一曼大感欣慰。有一次，赵一曼问董宪勋：“你多大年龄?”董宪勋说：“我 27 岁了。”赵一曼又问：“一个月给你多少薪水?”董宪勋说：“十几块钱。”赵一曼问：“十几块？还不够养家糊口的吧?”董宪勋说“是的，不够。可有什么办法呢？我也是为生活所迫啊。”

关押在医院中的赵一曼依然清秀、坚毅

赵一曼主动向他说明自己是在珠河铁道北进行抗日作战不幸被捕的，并对他讲述了东北抗联可歌可泣的抗日事迹，以及在深山密林中与鬼子战斗的故事。董宪勋听得很认真，心有所动。赵一曼认为这是一个被逼入歧途的年轻人，自己有责任教育他、争取他。

赵一曼认为在这个特殊的环境下要争取董宪勋，又不能引起敌人的注意与怀疑，讲话要言简意赅，说一两句话可以，说多了，就会被敌人察觉。另一个办法，是用文学形式争取他。

一天夜里董宪勋值班，赵一曼塞给他几张药纸，并叮嘱他回家再看。

董宪勋值完夜班急忙赶回家里，饭也没吃，就摊开这些药纸。在这些药纸的背面，赵一曼写下了自己在敌后游击区所见日军暴行的惨状：日本人根本没把中国人当人看待，烧、杀、奸淫，无恶不作，中国人失去了家园，失去了亲人，失去了赖以生存的土地……驱逐日本人、打倒伪满洲国是每一个人的使命……

这些文字使董宪勋热血沸腾，对赵一曼肃然起敬。他想，这个南方女子不为家、不怕死，太了不起，不管她曾经干过什么，做过什么，但可以肯定她是个好人，是一个为百姓谋利益的人。对于这样的人，要对她好，要援助她。看完后，他立即把纸烧掉了。

又到董宪勋值班。他主动对赵一曼说："狼吃人，狗吃屎，他们到哪里都一样。在这里先是祸害中国人，现在祸害白俄老毛子。他们到了哈尔滨，谁也没有好日子过。”赵一曼当然知道他讲的是日本侵略者，也明白董宪勋读了她写给他的东西。她对董宪勋说：“失道寡助，多行不义必自毙。国际联盟都反对他们的暴行，他们没有好下场。”董宪勋点点头。

之后，只要有机会，赵一曼就利用药纸和其他的纸片，把自己的思想、观点、认识告诉董宪勋，帮助他认识世界，提高觉悟。

董宪勋在赵一曼的帮助感化下，思想发生了改变，对日寇的侵略行为有了深刻的认识和仇恨。促使董宪勋彻底转变的是，赵一曼讲述了她于1934年末在乌吉密被捕时，一个伪军连长暗中相救的故事。董宪勋听了之后，顿悟出自己该做什么、怎么做。20多天后，他忽然对赵一曼说：“我愿意参加抗联打日寇，为民族解放献身！”

就在董宪勋的思想发生转变的时候，1936年5月上旬，日军又把一个17岁的见习护士派到了赵一曼身边。她叫韩勇义。日本人以为韩年纪小、思想单纯幼稚，不易被“赤化”，但敌人想错了。后来的事实证明，她一点也没有辜负她的名字。

韩勇义有点像小时候的赵一曼，性格爽朗，敢说敢做，好打抱不平，像个男孩子，因此，父亲给她取名“勇义”。九一八事变后，她的伯父韩文贵曾积极筹款支持马占山、李杜的抗日活动。马占山、李杜失利后，韩文贵去北京隐居，日军实行株连，遂传讯她的父亲韩文庆，逼其交出其兄韩文贵的财产账目。在严酷的刑讯逼供下，韩文庆于 1933 年夏天被折磨致死。父亲死后，全家迁居呼兰县。韩勇义进入呼兰女子高小读书。1935 年夏，她进入哈尔滨市立医院看护妇养成所学习，后成为医院见习护士。

韩勇义

后来，她回忆第一次见到赵一曼时的情景：当时赵一曼刚受了刑，头发完全遮住了脸，我无法看清她的脸。我用双手颤抖着拢开躺在担架上还在昏迷中的赵一曼的乱发，一张苍白的毫无血色的脸完全露出来，口中直流白沫，眼球突凸，两眼翻白，嘴角淌着血，气若游丝。醒来后，她睁开眼睛见到我，慢慢地抬起头，大口大口地喘气。

韩勇义知道这就是赵一曼，她在《大北京晚报》上看到过有关赵一曼的报道，认识到赵一曼是个难得的女英雄，肃然起敬。后来在彼此的交谈中，她向赵一曼倾诉了自己的家庭情况和对日本人暴行的愤恨。赵一曼向韩勇义讲了许多抗联女战士生活和斗争的故事，这更激发了韩勇义的爱国之心和对抗日英雄的同情与敬重，她决心帮助赵一曼逃离虎口，一起奔赴抗日前线。韩勇义处处关心赵一曼，当警特来病房传讯时，她总是以赵一曼伤口恶化或刚吃过安眠药喊不醒等应付，使赵一曼少受一些折磨。

关于赵一曼争取韩勇义的工作，敌人在一份特密报告中有过记载：赵一曼对韩勇义在一见之下竟能动其性格，她们在憎恨世界的魔鬼上得到了一致观点，韩勇义逐渐成为赵一曼同党。

6 月 20 日，哈尔滨各大报纸刊登了赵一曼被捕的消息和她在病床上的照片，董宪勋预感到敌人要下毒手了。在与赵一曼、韩勇义商量后，董宪勋马上找到叔叔董传史和家住阿城金家窝棚的另一个叔叔董元策商量，筹划制作小轿子和准备进山的马车，还找了堂侄董广政做帮手。

为了帮助赵一曼逃出虎口，韩勇义偷偷卖了将来结婚用的两件呢子大衣、两个金耳环、两个金戒指。28 日，韩勇义以母亲有病为名，向医院请假，未获批准。在十分紧急的情况下，只好不顾院方的态度，私自离开医院。她先在南岗新市街东方旅馆预定了房间，然后又到极乐寺坟地与在那里等候的董宪勋取得联系，交给他一些钱，要他雇汽车和轿子。那天正好是星期天，敌人的监视放松了。

当晚 9 时左右，电闪雷鸣，大雨倾盆。按事先的计划，韩勇义进入病房，给赵一曼换了衣服，董宪勋和董广政悄悄把赵一曼背出病房。出了医院后门，上了一辆雇来的俄国人的小汽车，向文庙的方向开去。到了文庙，他

赵一曼逃离虎口时乘坐的马车

们又把赵一曼背下汽车，上了一顶事先安排好的小轿。董宪勋引路，抬着赵一曼向阿城方向疾走。天快亮时，到了董宪勋的叔叔董元策家里。轿夫收了钱就回去了，他们不知道轿子里人的身份。

这里，离游击区滨县很近了。

在赵一曼逃走的第二天，也就是 6 月 29 日清晨，董宪勋下一班的警察发现赵一曼不在了，马上向南岗区伪警署报告。南岗警署马上又向伪警务厅报告。敌人开始了搜捕行动。

他们断定赵一曼腿有重伤，不能行走，只能坐车，所以从车辆开始排查。一天之内，哈尔滨所有可能雇来拉赵一曼的汽车全都排查到了，最后找到了一位乘坐小汽车的司机。敌人通过这个司机找到了那五个轿夫，知道了赵一曼逃跑的方向。

30 日清晨，赵一曼他们已经走到离游击区只有 20 多里地的李家屯了，忽然听到背后传来马蹄声。回头一看，见敌人的大队人马正在追来。董宪勋马上拔出手枪，推弹上膛，要跟敌人拼命。赵一曼一把按住董宪勋的手，说:“不行，不能硬拼。”又说:“记住，你们把一切责任都推到我身上。宪勋、勇义，你们俩就说是逃婚，你们是我用钱收买的，是我把你们骗出来的。大伯，还有广政，你们更是什么也不知道，也讲是我花钱雇你们的车。一定要照我说的做，一定！”

赵一曼知道自己这次必定牺牲，反抗很可能让所有人都死，而不反抗，至少有人可能活下来。自己死不要紧，只要其他人活下来就好。后来的事确如赵一曼所料，车夫和韩勇义等人都活了下来。

敌人围上来了，几个日伪军警骑着高头大马，用枪口指着赵一曼。赵一曼把一切都担当下来：“他们几个都是我雇的，是我主使，与他们无关！”她一口咬定其他人什么也不知道，敌人就放了董广政等人。赵一曼又要求敌人放了董宪勋和韩勇义，遭到拒绝。赵一曼、董宪勋、韩勇义被带到哈尔滨市警务厅，隔离审讯。

敌人对董宪勋施行酷刑，问他赵一曼到底要带他们去哪里。他说：“不知道，知道也不告诉你们。”敌人又说：“只要你公开悔过认罪，可以放过你这一次。”董宪勋说：“决不。”于是，敌人对他上了大刑，所有的酷刑用遍了，董宪勋坚守秘密，直至牺牲在敌人的折磨之下。

敌人对韩勇义这个还不满 17 岁的少女同样进行了酷刑。他们把她绑在长木凳上，用喷雾器往她的鼻子里灌混合着煤油的辣椒水。她被折磨得死去活来，但始终没有屈服。为了不连累家人，她把生母说成继母。从敌

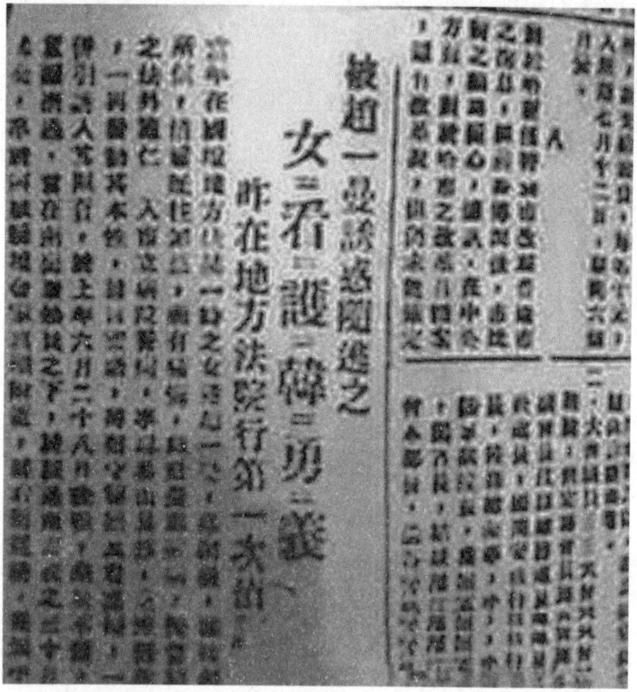

被趙一曼誘惑閲逃之

女看護韓勇義

昨在地方法院行第一次公判

当时日伪报纸关于赵一曼逃离虎口及韩勇义协助的报道

伪档案中可以看出韩勇义信念的坚定与赵一曼思想的力量。报告说："目前在哈尔滨警察厅拘审中的韩护士，她仅在很短的时间接受了赵一曼女士的宣传，就已具有根深蒂固的抗日思想。她壮烈地说'因为自己住在满洲国，走着满洲国的街道，坐着满洲的马车，使用满洲国币，吃着满洲国的生产，这都是由于自己住在满洲国，是迫不得

韩勇义帮助赵一曼逃离虎口时所带的皮箱

已的事情。自己所流的热血，是中华民族的热血，期望着将来的抗日战线得到扩大，把日本人从东北赶出去’。”敌人审讯报告的记录，证实了赵一曼的宣传力量与人格魅力。韩勇义的这番话掷地有声，是一个爱国热血青年写就的战斗檄文。

韩勇义被捕后，韩母却不惧风险，变卖家产找人帮忙。社会上也有人敬重她的爱国精神，帮助韩勇义把罪名改成了“纵匪逃走”。她被伪法院判了 4 个月的有期徒刑后假释。

韩勇义出狱后，一直受到敌人的监视。敌人的酷刑搞垮了她的身体，1949 年 2 月，正值青壮年的她因病不幸离世。她比董宪勋幸运的是看到了日本侵略者的投降，看到了她“把日本人从东北赶出去”的愿望。董宪勋与韩勇义两个热血青年，他们的爱国精神、牺牲精神与正义感与许许多多抗日先烈、与赵一曼一样。他们都是英雄，是永垂不朽的。

第十章 撼山易 撼赵一曼难

赵一曼再度被捕后，日军对她的折磨不断升级，用尽了人们闻所未闻、想都想不到的各种酷刑：钉竹签是钉满十指，拔出来后，用更粗更长的签子继续钉，最后改用烧红的铁签扎；灌辣椒水是掺着小米和汽油一起灌，但赵一曼始终坚贞不屈，审讯毫无结果。

7月25日，滨江省公署警务厅林宽重召集警务厅特高股警副森口作沼等几个人商量如何处置赵一曼。林宽重曾做过医生，对中国的人情、风俗习惯很了解，能讲一口流利的中国话。警务厅特务科长山浦认为："这女人是个坚定的女共党，她要是那么容易就屈服，在共党中也不会有这么高的身份。从这里我觉得，我们那样的审问方式对她是无效的，不如枪毙算了。"

警务厅特务科特高股长登乐松也说："这样顽固的女人，要想用审讯摧垮她的意志，得到口供，办不到，而且伤那样重，还是杀了为妙。"

林宽重认定赵一曼是东北抗日联军的一个重要人物，他认为“是个在中共里占有重要地位的人，应进行更加彻底的审讯”。大黑也说：“虽然前几次审讯赵一曼时她一直都一声不吭，但第一次电刑时她还是连声喊叫，看来电刑还是比其他刑罚有效果，应该再用电刑试一试，不行了再枪毙也不迟。”

关押赵一曼的伪哈尔滨警察厅

山浦还是坚持说：“经过几场审讯，赵一曼的身体已极端虚弱，对这样顽固不化的死硬分子，不加大刑罚不会有结果。可是，一加大用刑力度，她就容易昏迷甚至有生命危险，也没效果。”大黑反驳说：“可以使用刚从日本国内运来的新式电刑器具。我研究过这种电刑的用法，它的好处就是能随便调控电压的高低，还可以通过变换电流强度、频率和出入口等控制用刑力度，不让受刑人昏迷，使受刑人长时间处于半昏迷半麻木状态，神经系统陷于混乱，可能吐露真情。特别是对像赵一曼这样的顽固分子，只有让她长时间处于难以名状、无法预料的痛苦之中，才有可能到把她熬刑的意志和毅力慢慢耗尽，最终逼她屈服。”

山浦说：“问题就在这里，对像赵一曼这样强硬的女人进行审讯可不那么简单，若是任凭她死掉，我们就立不了功啦。最好叫医务室派一个高明的大夫来。同时再多打几针强心针，使她不轻易昏迷，保证审讯效果。”林宽重说：“我也听说帝国的新式电刑器具审讯效果很好，很多硬汉子都顶不住。我就不相信赵一曼这么一个女人能挺得住！”就这样，林宽重做了决定：明天用刚从本土运来的新式电刑器具对赵一曼实施第二次电刑。由特高股长大黑照一亲自实施电刑，不要有任何顾忌，可以直接电击赵女士身体最脆弱、最敏感的部位。要注意调控电压和电流强度，电流强度要集合在一个入口，要经常变换电流出入口，一定不要让她昏迷。最后，林宽重说：“总之，要慢慢地跟这个女人耗，不能停，不能让她有喘息的机会，直到电刑摧垮她反满抗日的意志，撬开她的嘴。”

第二天一早，森口作沼和大黑去地下室提审赵一曼。据敌伪档案中滨江省公署警务厅特高股警副森口作沼的叙述："一见面，气氛马上变得很紧张。她（赵一曼）从容地抬起头来怒视着我们，面无表情，似乎早有准备。看见她那令人望而生畏的面孔，我情不自禁地倒退了两三步，心里想，这个女人真是不好对付。我们要上去搀扶她走，被她甩开拒绝。她坚持自己走，因脚镣太重，脚踝被磨出血来。赵一曼不在乎，昂首挺胸，一步一瘸地坚持往前直走。望着这情景，我隐隐感到：我们今天用刑也不一定会摧垮这个女人的坚强意志。对这个女人，要费很大的劲，可能还是得不到什么结果的。"

关押赵一曼的牢房

到了审讯室。林宽重用中国话问:“赵尚志部队在哪里?”赵一曼答:“不知道!”林宽重简直毫无办法,又问赵一曼为什么抗日,赵女士回答:“这个再明白不过的问题难道还用问吗?你们这些日本鬼子,在我们中国土地上杀人放火,横行霸道,掠夺资财,强奸妇女,干尽了坏事。哪一个中国人不想把你们这些禽兽不如的东洋鬼子赶出中国,我的主义就是抗日反满!”

林宽重气急败坏,一挥手,野蛮的敌人再次用刑。这些魔鬼之残暴、之狠毒,不是人能够想象得出来的。场景之恐怖、之骇人听闻,是天神也受不了的。传说中的魔鬼不叫魔鬼,日本强盗才是真正的魔鬼。

伪警察厅地下室对赵一曼及抗日志士行刑的地方

赵一曼先是一阵痛苦的抽搐，随之浑身冷汗沁出，呼吸急促，全身肌肉抖动不止，脸上、脖子上青筋暴凸，面部肌肉痛苦地扭曲着，但丝毫没有要屈服的意思。她竭力咬紧牙关，忍着剧痛，强迫自己把要叫喊的声音压在心底。她还是像以前一样，不喊叫出一声来……

林重宽不耐烦了，挥手叫山浦停止，命令给赵一曼的刑具夹上电极。林宽重上前挑衅说："赵一曼，听我的属下说你骨头很硬，他们费了很大劲，也很难让你叫喊出声，真了不起。今天我要让你试试帝国的新式电刑，是刚从大日本运来的，据说这玩意儿很厉害，让人顶难受的。我给你三分钟时间考虑。只要你说出赵尚志部队在哪里，我们就放了你。你不说，就要让你第一个试试大日本帝国科学成就的滋味，它会让你说出来的。记住了！我只给你三分钟时间，要想清楚。"

"你们这些强盗，可以让整座村子化成瓦砾，可以把我剁成烂泥，可是你们消灭不了共产党员的信仰。"

林重宽无言可对，只是摆了摆手，表示继续用刑。

一阵沉静，只有"滴答"、"滴答"的时钟摆动声和赵一曼偶尔喘出的大口粗气的声音，身体有点微微发抖……

折磨，折磨，惨无人道的折磨！经过兽性对人性的较量，敌人不得不佩服赵一曼的坚强，但日本人坚信她也是个与常人一样对疼痛有感觉的女人，她对人类忍受的极限不可能没有自然生理反应。

但是，赵一曼仍是一声不吭，没有回答，张着的双唇也紧紧地合在一起。明显是已经下定决心承受即将到来的肉体折磨和痛苦，还准备像前几次受刑时那样，不愿意屈服，硬挺到昏迷为止。

林宽重摆了个手势。紧接着，大黑按制定的刑讯方案，把电刑器的调节开关轻轻地来回拨了一下。刚才还很平静的她马上狠地吸了一口冷气，挂在刑架上的身子突然绷紧了，像被击了一下！

林宽重马上问："感觉怎样？顶难受的吧？再不说就要这样一直电下去，到你说出来为止！再考虑一下吧？"

赵一曼一声不吭，依然用愤怒的目光瞪着这些魔鬼。

"你说不说？不说……电！"林宽重下了命令。大黑一接通开关，赵一曼的头就慢慢地仰了起来，眉头紧锁，脸也绷得紧紧的，身体开始微微地震颤……

加大用刑，再加大……

赵一曼"个女人确实死硬，她居然能忍着这难熬的钻心剧痛，硬挺着逐渐剧烈抖动的身躯，竭力控制自己的抖动，咬着牙死顶着不喊叫出声，只有嗓子眼儿里发出一点轻微的痛苦呻吟声"。

看到赵一曼不吭声，林宽重命令加大用刑力度。

随着一股股毫无规律的电流涌进赵一曼身体，她全身肌束震颤的频率越来越大。伸在半空的双手，不时紧紧地攥成拳头，然后又松开，没有指甲的十指战栗着向前伸挺，慢慢撑裂了刚愈合不久的瘢痂，血珠从一根根光秃秃的手指头的裂纹中细细地沁透出来。

突然，赵一曼无力地摇晃着散乱的被汗水湿透了的短发，昏昏沉沉地吐出一串模糊的喊叫声："啊啊……不！不……"

听到这盼望已久的喊声，在场施刑的日本人都感到兴奋。他们认为，从生理上讲，这长时间难以忍受的剧痛是常人无法忍受的。赵一曼再坚强，再有信仰，毕竟也是有血有肉的人呀！他们觉得赵一曼的忍耐力已达到了极限，熬不过日本新式电刑的逼供。

"你还不说？你以为你还能扛得过去？现在知道大日本帝国新式电刑的厉害吧！快说！"林宽重狞笑着对赵一曼逼问道。

赵一曼用力地把一口带血的唾沫吐到了林宽重的脸上。在场的日本施刑者马上失望了，赵一曼失声叫喊着的"不"只不过是"不知道"的意思而已。

赵一曼这一口带血的唾沫像一颗子弹射中日本施刑

者的心脏，尴尬、无奈、失败的阴云顿时布满每一个日本人的脸上。

只得继续用刑……每当赵一曼痛苦即将达到极限，肌肉发硬，全身抬起，快要昏过去的时候，大黑就按制定的方案，及时调弱电刑力度，并慢慢断开电流。待赵一曼全身松弛，鼓起的肌肉陷下，清醒一会儿后，再接通电源。就这样一次次地变换，一次次地断开，再一次次接通……让赵一曼受到的痛苦和折磨停不下来，处于欲死不能、求生不得的状况，一直到了精疲力竭、濒于崩溃的程度。

为了防止赵一曼在受刑时死去，林宽重还经常命令暂停电刑，叫救护人员用酒精擦干了赵一曼湿淋淋的肉体，多次给她注射大剂量的强心针和樟脑酊，强迫喂灌许多掺有咖啡因的盐水和含有高纯度甲基苯丙胺的葡萄糖液。待赵一曼恢复体力，头脑清醒，精神亢奋后，再继续用刑。

……

时间一小时一小时地过去了，看到赵一曼还没有要屈服的样子，日本施刑者都沉默不语。谁心里都明白：今天赵一曼是下了死决心，要豁出命来硬挺到底了。用这种电刑慢慢地跟她耗，根本摧垮不了她的意志，是无法逼她屈服的。

日本人只能是硬着头皮继续用刑……

拷问断断续续持续了 7 个多小时。电刑造成了连续不断的剧痛,已超过了任何人能够忍耐的极限。赵一曼被折磨得昏死了过去,施刑者感到她的生命已岌岌可危,但始终没有丝毫屈服的意思。

林宽重很失望,用手巾频频擦着汗水,长吁了一口气:“这个女人竟这么顽固,连帝国最新式的电刑也摧垮不了她的意志!怎么可能?该不会是电刑设备有问题吧?”

山浦说:“电刑效果是不错的,只是想不到赵一曼这么顽强!骨头真硬!好像连命都不要啦!”施刑者都失望了,也很难理解。是什么力量支撑着赵一曼这样一个年轻女共产党员有如此钢铁般的毅力,竟然能长时间熬住日本最新式的电刑。他们实在想不出还有什么更厉害的刑罚了。最后,林宽重无可奈何地说:“没想到这个女共产党员这么死硬,帝国的新式电刑还是摧不垮她的意志。我看毙掉算了!”

敌人失败了。日本人占领了白山黑水,却征服不了东北人们的心。日本人撼动了高山,却撼不动一个共产党员的心。她就是赵一曼,她就是坚如磐石的长城,不教胡马(日寇)度阴山!

1936年8月2日,赵一曼被日本宪兵押上哈尔滨开往珠河的火车。她静静地躺靠在座位的靠背上,凝望着东北万物葱茏的原野。这里是她与她的战友战斗的地方,这里有与她休戚与共的人民。虽然死亡已经迫近,但想到自己为祖国战斗过、流过血,是为抗日而死,她感到欣慰,感到光荣。赵一曼想到了很多事情,想到了在国外工作的丈夫,为了革命而劳燕分飞,现在不知他在何方。她想到了培养她的党组织,想到引领她走上革命道路的大姐夫郑佑之。他为革命牺牲了,自己为了抗日救国也将随他而去,为民族为国家牺牲是值得的。

作为一个妇女、一个母亲,赵一曼更多的还是想到了寄养在亲属家的儿子。她现在大了,可没有听到他叫一声“妈妈”。她就向押送的日本警察要了一张纸和笔。警察问她:“你要给谁写信?”赵一曼轻声说:“我要给我儿子写信。”“你儿子多大了?”“我儿子有七岁了。”赵一曼就在火车上给她儿子留下了这份反满抗日的遗言书。她在遗言中,亲切地称呼儿子,叫他的乳名“宁儿”。

母亲对于你没有尽到教育的责任,实在是遗憾的事情。

母亲因为坚决地做了反满抗日的斗争，今天已经到了牺牲的前夕了。

母亲和你在生前是永久没有再见的机会了。希望你，宁儿啊！赶快成人，来安慰你地下的母亲！我最亲爱的孩子啊！母亲不用千言万语来教育你，就用实行来教育你。在你长大成人之后，希望不要忘记你的母亲是为国而牺牲的！

一九三六年八月二日

你的母亲赵一曼于车中

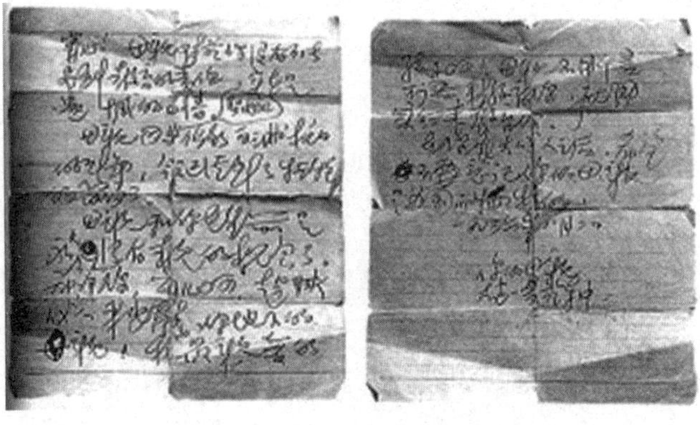

赵一曼给宁儿的遗书

到达珠河之后，敌人把赵一曼绑到一辆大车上游行。赵一曼一看，车站布满武装军警，两边站满了人。这些群众为给赵一曼送行，一大早就站在这里。赵一曼看这些流泪来给她送行的人们，为鼓舞大家的情绪，她站上就唱了一首革命歌曲：“民众的旗，血红的旗，收殓着战士的尸体，尸体还没有僵硬，鲜血已染红了旗帜……高高举起呀！血红的旗，誓不战胜，终不放手……牢狱和断头台来就来你的，这就是我们的告别歌……”

日本警察用枪托打她腰部，不让她唱，赵一曼唱得更加悲壮和激昂。群众簇拥着马车来到刑场，日本警察过来搀赵一曼，被甩开了。她拖着伤残的左腿和那次受刑被敌人折断的左臂一步一趋向前挪动着。还没有站稳，敌人在她的背后就开枪了。赵一曼回过身来，用尽全力高呼：“打倒日本帝国主义！中国共产党万岁！”残暴的敌人对着她的胸前又是一阵杂乱的枪声，赵一曼这才倒在

赵一曼牺牲地——珠河县(今尚志市)小北门外

血泊里，她牺牲时三十一岁。

赵一曼死了，但她的精神永远不死。正是她和千千万万跟她一样的烈士们的牺牲，才换来了我们这个民族的新生。

后　记

1949 年新中国成立，人们在庆祝革命胜利的时候，也在怀念为胜利献身的先烈们。有一次，东北抗联著名将领、当时担任松江省人民政府副主席的冯仲云向东北电影制片厂厂长袁牧之等人建议，应该拍拍东北抗日联军的英勇事迹。他说："冰天雪地里的英雄，是值得用电影来表现的啊！"并介绍了赵一曼的故事。

1950 年，东北电影制片厂拍摄完成了故事片《赵一曼》，表现了东北抗联女英雄赵一曼在共产党的领导下，团结和组织群众开展抗日斗争，最后英勇献身的故事。扮演赵一曼的演员石联星以她的表演才能获得了第五届捷克卡罗维发利国际电影节最佳女演员奖，成为新中国第一个在国际上获奖的女演员。她创造的赵一曼形象，轰动了全国，给亿万人民群众以巨大的鼓舞。赵一曼那英勇不屈、大义凛然的精神让观众肃然起敬。

电影公映后，大家都迫切地想知道赵一曼的原型究竟是谁，纷纷找到当年的抗联战士打听，但没有人确切地知道。为了在残酷的革命斗争中保护自己和远在异地的家人，当时很多人用的是化名。所以就是当年的抗联战士、将领和地下党领导人也不一定知道赵一曼的真实身世，只知道她说话带四川口音。1952 年 3、4 月间，曾在 1931 年任中共满洲省委组织部长、省委代理书记的何成湘，还专门到四川调查赵一曼的身世，也没有结果。

电影《赵一曼》剧照

在党组织调查赵一曼真实身份的同时，她的亲属也在寻找她。时任川南行署监察委员、川南区妇女干部的二姐李坤杰也在四处找寻。正在这时，电影《赵一曼》在全国上映了。李坤杰看了好几遍，感动得热泪盈眶，但她并没有想到银幕上这个性格坚毅、威武不屈的女英雄赵一曼和她那瘦削而柔弱的妹妹李坤泰有什么联系。两三年过去了，事情仍没有很大的进展。这期间，李坤杰还直接给周恩来总理写信打听，周总理将信转给了全国妇联主任蔡畅，请她帮助查询。一个偶然的机会，李坤杰访问到任弼时的夫人陈琮英，当时赵一曼的名字是李淑宁。两人分别以后再没联系，陈琮英怎么也不会将李淑宁与赵一曼联系起来。

1954 年 1 月，李坤杰委托同是宜宾人的四川省监察委员江子能借到北京开会的机会，向与会者打听打听李坤泰的下落。在会议上，当时任国务院宗教事务局局长的何成湘来看望江子能（何成湘是江子能的同乡和入党介绍人），他向何提及李坤杰寻找妹妹李坤泰的事。何成湘一听，马上说："巧了，我也正想告诉你，电影《赵一曼》里面的主人公，就是姓李，也是四川人，但具体是哪里的就不太清楚了，我在满洲省委工作时领导过她。"接着便把他所知道的李坤泰的事情详细说了一遍。

江子能回到宜宾，立即把得到的消息告诉了李坤杰。李坤杰边听边掉眼泪："赵一曼？我的小妹妹会是抗日女英雄赵一曼么？"她立刻把照片给何成湘寄去。

1956 年，《工人日报》的记者受何成湘的委托，拿着照片，来到了赵一曼曾经战斗过的地方进行采访、核证。当地人看了照片，立刻大声说："是赵一曼，没错。"当记者来到赵一曼当年领导过游击战的珠河地区，乡亲们看了照片，都惊喜地喊道："瘦李！她就是瘦李！"

有关部门在日伪档案中发现了一份编号为"特密第5583号"伪滨江警务厅报告："姓名：赵一曼。女，现年二十九岁。职业：无职业。原籍：山东省济南府。住址：不定……她是妇女思想匪，由于计谋巧妙，担负了珠河中心县委委员的重任，颇受重视……于八月二日处以死刑。"

为迷惑敌人，报告中关于赵一曼的年龄、籍贯都有误，但其中关于赵一曼被捕和被害情况的记载，却准确无误。尤为重要的是，还发现了一张泛黄的照片：赵一曼躺在病床上不能动弹的时候，被日本人拍了下来，其面容和记者手里的照片一模一样。

由此可以断定，赵一曼就是出生在四川宜宾的李坤泰！李坤杰终于找到了小妹，党和人民也明确了英雄的身世。英雄先烈们为了国家，为了民族，早已将自己的名誉、利害置之度外，将生死抛在脑后。如果不是她的战友寻找、做证，如果没有敌人档案的文字与照片，赵一曼将像千千万万的无名英雄一样，埋没在祖国的山河中，融合在共和国的土地里。

赵一曼的身世确认后，各种媒体纷纷宣传赵一曼的事迹。赵一曼的家乡四川宜宾为纪念她，于1960年在城区最美丽的翠屏山修建了抗日民族英雄赵一曼烈士事迹陈列室，后改名为赵一曼纪念馆，并在宜宾县白花镇建立了一曼中学。1963年12月，朱德视察宜宾时亲自为纪念馆题写了馆名。

聂荣臻评价赵一曼："赵一曼同志早在二十年代就参加了我党领导的轰轰烈烈的干革命斗争，并为民族解放献出最宝贵的生命，表现了中华女儿的英雄气概和共产党员的高贵品质。她的伟大的英雄形象和光辉业绩永远激励着中华儿女坚韧不拔开拓前进，为全人类的解放奋斗不息。抗日民族英雄赵一曼烈士永垂不朽。"

陈毅评价赵一曼道："生为人民干部，死为革命英雄。临敌大节不辱，永记人民心中。"

董必武为赵一曼赋诗："革命潮声杂鼓鼙，宜宾儿女动深闺。焉能照旧营生活？奋起从军弃易笄。北伐旗开胜未终，叛徒决策反工农。招来日寇山东阻，民族危机迫再逢。北去南来党命御，不因负病卸仔肩。工农解放须参与，抗日矛头应在先。抗倭未胜竟成俘，不屈严刑骂寇仇。自是中华好儿女，珠河血迹史千秋。"

1986年8月2日，赵一曼牺牲50周年之际，赵一曼

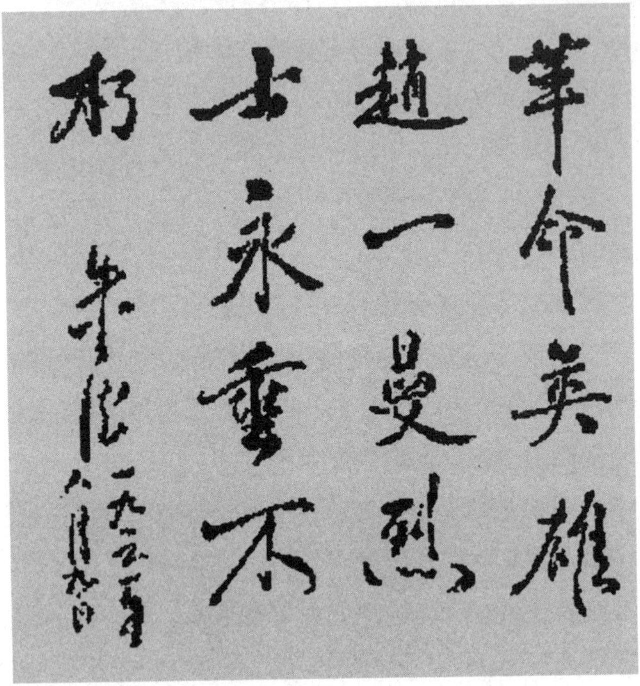

朱德为赵一曼题词

烈士的汉白玉雕像在宜宾落成。时任中央政治局常委、中央纪律检查委员会第一书记的陈云同志，亲笔为雕像落成题词："抗日英雄赵一曼革命精神不死！"纪念馆内存放着朱德、陈毅、聂荣臻、郭沫若、董必武、宋庆龄、何香凝等一批开国领导人和知名人士为赵一曼的题词。为纪念赵一曼，哈尔滨的一条主要街道命名为一曼街。

赵一曼的汉白玉雕像

1996 年，中央电视台新影制作中心推出电视文献纪录片《巾帼英雄赵一曼》。1997 年 6 月，赵一曼纪念馆定为国家爱国主义教育示范基地。2005 年 8 月，影片《我的母亲赵一曼》在全国公映。

2010 年，在由中央宣传部、中央组织部、中央统战部、中央文献研究室、中央党史研究室、民政部、人力资源社会保障部、全国总工会、共青团中央、全国妇联、解放军总政治部等 11 个部门联合组织的“100 位为新中国成立作出突出贡献的英雄模范人物和 100 位新中国成立以来感动中国人物”评选活动中，赵一曼被评为“100 位为新中国成立做出突出贡献的英雄模范人物”之一。

哈尔滨的一曼街牌

参考书目

1. 何家栋:《赵一曼》,湖南人民出版社 1980 年版。

2. 中共四川党史工作委员会编:《四川党史人物传》,四川省社会科学出版社 1984 年版。

3. 中共中央党史资料征集委员会等编:《中共党史资料》(15),中共党史资料出版社 1985 年版。

4. 李惠著:《东北抗日联军斗争史简编》,解放军出版社 1987 年版。

5. 温野著:《碧血英魂:赵一曼传》,黑龙江人民出版社 2005 年版。

6. 王二路著:《赵一曼的故事》,中国社会出版社 2006 年版。

7. 于绍雄编:《东北抗日联军将领传》,黑龙江人民出版社 2009 年版。

8. 曾庆榴著:《共产党人与黄埔军校》,广州出版社 2013 年版。